Leichtes mit
Low Fat

Über 80 gelingsichere Rezepte für jeden Tag.

Leichtes mit
Low Fat

Über 80 gelingsichere Rezepte für jeden Tag.

Sonja Grey

a cook book

Die Originalausgabe erschien 1997 in Großbritannien
in der Reihe „Kitchen Library“ bei Hamlyn
für Marks & Spencer p.l.c.
Baker Street, London
unter dem Titel: „Low Fat High Flavor“

Deutschsprachige Ausgabe:

Die Erstausgabe erschien 1998 unter dem Titel
„Köstliche Gerichte Low Fat“
bei Gräfe und Unzer GmbH, München

Übersetzung aus dem Englischen: Christiane Daxer
Rezeptfotos: Octopus Publishing Group Ltd., Philip Dowell, Gus Filgrate, Graham Kirk,
Diana Miller, Hilary Moore, Vernon Morgan, James Murphy, Clive Streeter
Projektleitung: Birgit Dollase, München
Redaktion und Satz: Redaktionsbüro Cornelia Klaeger, München
Umschlagfoto: StockFood, München
Umschlaggestaltung: Daniela Petrini, München

Printed in China

ISBN: 3-7742-4878-8

Wichtiger Hinweis:
Alle Nährwertangaben unter den Rezepten beziehen sich auf 1 Portion,
wenn nicht anders angegeben.

Inhalt

EINLEITUNG

Köstliche Gerichte – Low Fat: Wenig Fett und viel Geschmack? Viele Menschen empfinden diese Aussage als Widerspruch in sich selbst. Sind doch Produkte wie Fleisch, Butter, Milch, Sahne und Käse für die meisten Leute Bestandteil der täglichen Ernährung. Unser Wirtschaftssystem basiert auf der Produktion und dem Verbrauch dieser Lebensmittel. Zudem beruht unsere gesamte Eßkultur auf diesen Zutaten. Warum geraten nun diese Produkte immer wieder in die Schlagzeilen? In den letzten 50 Jahren wurde ein dramatischer Anstieg an Herzerkrankungen festgestellt, wofür die medizinische Forschung einige Hauptursachen erkannte. Eine davon ist Stress, weitere zu wenig Bewegung und Rauchen sowie eine zu hohe Aufnahme von Fett und damit verbunden von gesättigten Fettsäuren sowie zu viel Cholesterin. Gesättigte Fettsäuren kommen überwiegend in tierischen Lebensmitteln wie Butter, Sahne, Schmalz sowie Fleisch und Wurstwaren vor, aber auch sehr reichlich in Kokosnuß- und Palmkernfett. Einige gesättigte Fettsäuren heben die Cholesterinkonzentration im Blut an.
Es geht nicht darum, gesättigte Fettsäuren in Lebensmitteln weitgehend

zu meiden. Sie sollten jedoch in einem ausgewogenen Verhältnis zur gesamten Fettaufnahme stehen. Tatsächlich ist die derzeit durchschnittliche Aufnahme von Fett zu hoch. Die Folge davon sind Übergewicht und ein erhöhtes Herzinfarktrisiko.
„Köstliche Gerichte Low Fat" beweist, daß fettarmes Essen sehr wohl gut schmeckt. Hier ist eine Zusammenstellung von ausgewählten Rezepten, die es Ihnen erlaubt die Fettmenge, die Sie aufnehmen genau zu überwachen, ohne dabei auf das gute Aroma der Gerichte verzichten zu müssen. Die Rezepte in diesem Buch wurden so zusammengestellt und ernährungswissenschaftlich analysiert, daß jeder Anregungen zu leckeren Gerichten finden kann, die zu einer gesünderen und fettarmen Ernährung beitragen. Die Portionen sind häufig kleiner, als Sie es vielleicht gewohnt sind, dafür enthalten gedämpftes Gemüse und Salat mit einem Dressing ohne Öl fast überhaupt kein Fett, so daß Sie davon so viel essen können, wie Sie wollen. Das Lachsgericht auf Seite 44 fällt etwas aus dem Rahmen. Obwohl der Fettgehalt auch niedriger ist als beim Originalrezept, liefert das Gericht doch mehr Fett pro Portion als die anderen Hauptgerichte in diesem Buch. Wir schlagen deshalb vor, daß Sie sich dieses köstliche Gericht für einen Tag aufheben, an dem Sie die Möglichkeit haben, den Fettgehalt anderer Gerichte zu verringern.
Was sind nun die Vorteile einer fettarmen Ernährung? Zum einen läßt sich das Risiko von Herzerkrankungen verringern, wenn man zusätzlich Vollkornprodukte sowie frisches Gemüse und Obst zu sich nimmt. Zum anderen können Sie durch eine fettarme, ausgewogene Ernährung, insbesondere in Verbindung mit genügend Bewegung, Ihr Körpergewicht viel besser unter Kontrolle halten, und das bedeutet: Sie fühlen sich wohler und gesünder!

LEBENSMITTEL RICHTIG ZUBEREITEN

Im folgenden sind die wichtigsten Hauptnahrungsmittel und ihre Bedeutung für unsere Ernährung im Hinblick auf Fett beschrieben.

MILCHPRODUKTE

Vollmilch, Butter, Sahne, Käse und Speiseeis liefern gesättigte Fettsäuren, deren Aufnahme möglichst reduziert werden sollte. In Pflanzenmargarine oder Distelöl, Sonnenblumen-, Oliven- und Rapsöl sind dagegen mehrfach ungesättigte Fettsäuren enthalten, die dazu beitragen den Cholesterinspiegel des Bluts zu senken. Bevorzugen Sie statt Vollmilch fettarme Milch und probieren Sie einmal neue Sahne-Ersatz-Produkte auf pflanzlicher Basis, die mehrfach ungesättigte Fettsäuren enthalten. Magerjoghurt und fettreduzierter Käse, Hüttenkäse und Magerquark sind ebenfalls empfehlenswert.

EIER

Ein mittelgroßes Eigelb enthält die Menge an Cholesterin, deren Aufnahme täglich nicht überschritten werden sollte, nämlich ca. 300 Milligramm. Deshalb sollten Sie nicht mehr als drei Eigelbe in der Woche zu sich nehmen. Eiklar ist dagegen frei von Cholesterin und reich an Eiweiß. Wenn Sie z. B. Rühreier oder Omelett zubereiten, können Sie nur ein Eigelb und mehrere Eiklar verwenden. So erhalten Sie mehr Masse, aber gleichzeitig wird der Cholesterin- und Fettgehalt nicht unnötig erhöht.

RIND, LAMM UND SCHWEIN

Sie müssen nicht völlig auf Fleisch verzichten, aber seien Sie zurückhaltend. Beschränken Sie Ihre Portionen auf etwa 80 g, wählen Sie mageres Fleisch und entfernen Sie sichtbares Fett vor der Zubereitung. Bei der Verwendung von Hackfleisch sollten Sie sehr mageres Fleisch selbst durch den Fleischwolf drehen oder den Metzger darum bitten. Beim Zubereiten von Braten empfiehlt es sich, das Fleisch in der Fettpfanne des Ofens auf einen Rost zu legen, so daß es nicht im Saft schmort. Es sollte länger bei niedriger Temperatur (180 Grad, Gas Stufe 2–3) braten. Wenn Sie Fleisch grillen, können Sie es zuvor in einer Marinade aus Kräutern, Wein, Tomaten- oder Zitronensaft ziehen lassen, um ein besonderes Aroma zu erhalten.

WURST- UND FLEISCHWAREN

Diese Produkte enthalten häufig nicht sichtbare, sogenannte versteckte Fette. Achten Sie genau auf den angegebenen Fettgehalt und wählen Sie Sorten mit weniger als 10 Prozent Fett.

GEFLÜGEL UND WILD

Geflügel- und Wildfleisch enthält in der Regel weniger Fett als anderes

So hoch sollte der Anteil der einzelnen Nährstoffe an der Gesamtenergiezufuhr (Kalorien = kcal) sein:

Nährstoff	Empfohlene Menge
Fett gesamt	30% der gesamten Energie; z.B. sollten bei 2000 kcal am Tag nicht mehr als 600 kcal aus Fett stammen. Das entspricht etwa 80 g Fett am Tag oder 40 g Fett pro 1000 kcal
Gesättigte Fettsäuren	Weniger als 10% der gesamten Energie (kcal)
Mehrfach ungesättigte Fettsäuren	Bis zu 10% der gesamten Energie (kcal)

Nährstoff	Empfohlene Menge
Einfach gesättigte Fettsäuren	10% der gesamten Energie (kcal)
Kohlenhydrate	50% der gesamten Kalorien
Eiweiß	10–20% der gesamten Kalorien
Kalorien gesamt	So viel, wie nötig ist, um Ihr ideales Gewicht zu erreichen bzw. zu erhalten.

FISCH IM PAPIERMANTEL

1 Ein ausreichend großes Stück Alufolie oder Pergamentpapier abschneiden und ausbreiten. Kräuter und Gewürze auf dem Papier verteilen.

2 Den Fisch außen und innen mit Salz und Pfeffer bestreuen. Dann auf die Kräutermischung legen.

3 Die überstehenden Ecken hochziehen, so daß ein Behältnis für den Fisch entsteht. Papier locker über dem Fisch zusammenfalten. Im vorgeheizten Ofen auf Backpapier backen.

Fleisch. Bevorzugen Sie magere Geflügelsorten wie Hähnchen und Truthahn gegenüber Gans und Ente. Bei Geflügel befindet sich das meiste Fett direkt unter der Haut, deshalb sollten Sie diese und alles sichtbare Fett vor dem Garen entfernen. Dünsten, Rösten, Grillen und Pfannenrühren sind geeignete Garmethoden für Geflügel und Fleisch. Sie benötigen nur wenig Öl, wenn Sie bei starker Hitze die Zutaten im Wok oder in der Pfanne ständig rühren. Auch beim Garen in der Mikrowelle wird wenig Fett gebraucht.

FISCH UND MEERESFRÜCHTE

Fisch liefert wertvolles, leicht verdauliches Eiweiß und besitzt generell weniger Cholesterin als Fleisch. Dämpfen und Garen in der Mikrowelle sind besonders geeignete Garmethoden für Fisch. Garnelen, Hummer, Krebse und andere Meeresfrüchte haben kaum Fett, allerdings enthalten manche Arten mehr Cholesterin als Geflügel und Fleisch. Dennoch können sie ab und zu gegessen werden.

OBST, GEMÜSE UND GETREIDE

Diese Lebensmittel sind cholesterinfrei, fettarm sowie reich an Ballaststoffen und Vitaminen. Oliven und Avocados enthalten zwar viel Fett, sind aber reich an ungesättigten Fettsäuren. Sie sollten lediglich wegen ihrer hohen Kalorienmenge gemieden werden.

Am besten ist es, wenn Sie frische, unverarbeitete Produkte verwenden. Bei Gemüse und Kräutern können Sie allerdings auch gut auf Tiefkühlware zurückgreifen. Sie enthält nachweislich häufig sogar mehr wertvolle Inhaltsstoffe als frisches und längere Zeit gelagertes Gemüse.

NÜSSE UND SAMEN

Sie liefern wertvolle ungesättigte Fettsäuren und sind praktisch frei von Cholesterin. Doch sie enthalten auch viel Fett und somit Kalorien. Alle, die auf ihr Gewicht achten müssen, sollten deshalb Nüsse und Samen nur sparsam verwenden.

KUCHEN UND GEBÄCK

Kuchen und Gebäck sind meistens reich an Fett und damit an Kalorien. Wenn Sie selbst backen, sollten Sie statt Butter Margarine verwenden und statt Eigelb Eiweiß. Den Ballaststoffgehalt können Sie erhöhen, indem Sie Weizenmehl Type 405 und Type 1050 in gleichem Verhältnis miteinander mischen.

Beachten Sie die Produktinformationen auf Kekspackungen: Sie werden häufig vor dem Backen in Öl gewendet, wodurch der Fettgehalt erhöht ist.

GEMÜSEBRÜHE

- 500 g Kartoffeln (gewürfelt)
- 1 Zwiebel (zerkleinert)
- 2 Stangen Lauch (gehackt)
- 2 Stangen Staudensellerie (gehackt)
- 200 g Möhren (gehackt)
- 1 kleine Fenchelknolle (dünn geschnitten)
- einige Thymianzweige
- einige Petersilienstengel
- 2 Lorbeerblätter
- Salz und Pfeffer

1 Gemüse und Kräuter in einen Topf mit 1 1/2 l Wasser geben, langsam aufkochen. Schaum abschöpfen.
2 Mit Salz und Pfeffer würzen. Zirka 1 1/2 Stunden abgedeckt köcheln lassen. Dabei 3–4 mal Schaum abschöpfen.
3 Brühe durch einen feinmaschiges Tuch oder ein feines Sieb gießen. Abkühlen lassen, kühl aufbewahren.
ERGIBT CA. 1 LITER

FISCHBRÜHE

- 1 kg Fischabfälle
- 1 kleine Zwiebel (geschält, fein gehackt)
- 2 Stangen Lauch (gehackt)
- 1 Lorbeerblatt
- Petersilienstengel
- Fenchelgrün
- Zitronenschale
- 200 ml trockener Weißwein
- Salz und Pfeffer

1 Fischabfälle, Zwiebel, Lauchstangen, Lorbeerblatt, Petersilie, Fenchel, Zitronenschale mit 1 1/4 l Wasser in einen großen Topf geben. Langsam aufkochen. Entstandenen Schaum abschöpfen.
2 Weißwein, Salz und Pfeffer nach Wunsch zugeben. Alles 30 Minuten leicht köcheln lassen. Dabei 1–2mal Schaum abschöpfen.
3 Brühe durch einen feinmaschiges Tuch oder ein feines Sieb gießen. Abkühlen lassen und bis zur Verwendung im Kühlschrank aufbewahren.
ERGIBT CA. 1 LITER

ZITRONEN-JOGHURT-DRESSING

- 150 g Joghurt
- 1 Eßlöffel Zitronensaft
- 2 Teelöffel gemischte Kräuter (gehackt)
- Salz und Pfeffer

Alle Zutaten in eine Schüssel geben und mit einer Gabel verrühren. Mit Klarsichtfolie abdecken, im Kühlschrank aufbewahren.

35 kcal; 145 kJ; 9 g Eiweiß; 4 g Fett; 2 g Kohlenhydrate pro halbe Menge

ZITRONEN-KRÄUTER-GEWÜRZMISCHUNG

- 4½ Eßlöffel Basilikum (getrocknet)
- 4 Eßlöffel Oregano (getrocknet)
- 1 Eßlöffel Pfeffer
- 1½ Eßlöffel Zwiebel (getrocknet)
- ½ Eßlöffel Selleriesamen (ganz)
- ½ abgeriebene Zitronenschale
- ½ Teelöffel Knoblauchpulver

Alle Zutaten in eine Schüssel geben. Mit einem Löffel vermischen. In einem luftverschlossenen Gefäß an einem kühlen, trockenen und dunklen Ort bis zu 6 Monate aufbewahren.
ERGIBT CA. 1 GLAS

SALSA

- 6 kleine, reife Tomaten (enthäutet und fein gehackt)
- 1-2 Chilischoten (entkernt und fein gehackt) oder nach Wunsch
- 1 Zwiebel (fein gehackt)
- 1 Bund Petersilie (gehackt)
- 2 Eßlöffel Limetten- oder Zitronensaft
- 2 Teelöffel Weinessig
- Salz (nach Wunsch)
- Pfeffer (nach Wunsch)

Alle Zutaten im Mixer oder der Küchenmaschine zu einer geschmeidigen Mischung verarbeiten.
Hinweis: Bei der Verarbeitung von Chilischoten empfiehlt es sich, Haushalts-Handschuhe zu tragen.
4-6 PORTIONEN
97 kcal; 411 kJ; 5 g Eiweiß; 2 g Fett; 16 g Kohlenhydrate

GUACAMOLE

- 1 Avocado (geschält, ohne Stein und zerdrückt)
- 1 Eßlöffel Limetten- oder Zitronensaft
- 1½ Eßlöffel Salsa (siehe oben)
- 1 reife Tomate (enthäutet und gehackt)
- 1 Zwiebel (fein gehackt)
- 1 Bund Koriandergrün (gehackt), ersatzweise Petersilie
- 1 Knoblauchzehe (fein gehackt)
- Pfeffer

Alle Zutaten in einer Schüssel mischen. Abgedeckt bis zur Verwendung kalt stellen.
8 PORTIONEN
42 kcal; 174 kJ; 9 g Eiweiß; 4 g Fett; 2 g Kohlenhydrate

LEICHTE SUPPEN

GELBE PAPRIKASUPPE

Gelbe Paprikaschoten sind milder als grüne und leicht süßlich im Geschmack. Alle Paprikaschoten sind reich an Vitamin C.

3 gelbe Paprikaschoten (geputzt)
50 g Butter oder Margarine
1 kleine Zwiebel (gehackt)
1¼ l Gemüsebrühe (siehe Seite 9)
1 Teelöffel mildes Currypulver
¼ Teelöffel Kurkuma
1 Eßlöffel Koriandergrün (gehackt) oder Petersilie
300 g Kartoffeln (geschält und gewürfelt)
Salz

1 Paprikaschoten waschen. 1 Paprika fein und die restlichen Paprika grob würfeln.
2 25 g Fett in einem Topf erhitzen, die gehackte Zwiebel und grob gewürfelte Paprika darin ca. 5 Minuten unter ständigem Rühren andünsten. Mit Gemüsebrühe aufgießen. Currypulver, Kurkuma, Koriander und die Kartoffeln zugeben. Suppe kurz aufkochen und bei schwacher Hitze halb zugedeckt 25–30 Minuten köcheln lassen, bis das Gemüse weich ist.
3 Restliches Fett in einer Pfanne erhitzen, die fein gehackte Paprika darin erhitzen und ca. 5 Minuten dünsten. Für die Garnitur beiseite stellen.
4 Die Suppe pürieren und nochmals erhitzen. In vorgewärmte Suppenteller oder -tassen füllen und servieren. Die gedünsteten Paprikastückchen darüber streuen.

8 PORTIONEN
Vorbereitungszeit: 15–20 Minuten
Garzeit: ca. 30 Minuten

100 kcal; 420 kJ; 2 g Eiweiß; 7 g Fett; 8 g Kohlenhydrate

ORANGEN-CONSOMMÉ

Eine köstlich erfrischende Vorspeise, die vor jeder Mahlzeit schmeckt und zudem im Nu zubereitet ist. Die Suppe kühlt besonders schnell ab, wenn Sie den Topf in eine Schüssel mit kaltem Wasser stellen.

- 400 ml Rinderfond (aus dem Glas)
- Saft von 3 Orangen (ca. 300 ml)
- 2 Gewürznelken
- 1 Prise Cayennepfeffer
- 1 Orange (in dünnen Scheiben), nach Wunsch

1 Rinderfond mit dem Orangensaft und den Nelken in einen Topf geben, mit Cayennepfeffer abschmecken. Suppe aufkochen und die Nelken herausnehmen. Das Consommé in eine Schüssel füllen und abkühlen lassen.
2 Wenn das Consommé erkaltet ist, mit Folie bedecken und 3–4 Stunden kühl stellen. Oder für ca. 30 Minuten in das Gefriergerät geben, bis die Oberfläche mit einer dünnen Eisschicht überzogen ist.
3 In gekühlten Schalen servieren und jede Portion nach Wunsch mit einer Orangenscheibe garnieren.

6 PORTIONEN
Vorbereitungszeit: 3–5 Minuten, plus 3–4 Stunden Kühlzeit
Garzeit: 3–5 Minuten

35 kcal; 150 kJ; 3 g Eiweiß; 0 g Fett; 6 g Kohlenhydrate

FENCHELSUPPE

- 2 Fenchelknollen (mit Grün)
- 1 Zwiebel (fein gehackt)
- 600 ml Hühnerbrühe (siehe Seite 14)
- 150 ml fettarme Milch
- Salz und Pfeffer
- 1 Teelöffel Pesto (italienische Basilikumpaste)
- Croûtons, zum Servieren

1 Das Grün von den Fenchelknollen abschneiden, grob hacken und zum Garnieren beseite legen. Knollen putzen und in Achtel schneiden.

2 Die Fenchelstücke mit Zwiebel, Hühnerbrühe und Milch in einen Topf geben. Mit Salz und Pfeffer abschmekken. Suppe aufkochen und ca. 20 Minuten bei schwacher Hitze köcheln lassen, bis der Fenchel gar ist.

3 Suppe pürieren, Pesto dazugeben und alles bei schwacher Hitze nochmals erhitzen.

4 Suppe in Teller verteilen, mit Fenchelgrün sowie Croûtons bestreuen.

4 PORTIONEN

Vorbereitungszeit: ca. 5 Minuten
Garzeit: ca. 25 Minuten

70 kcal; 280 kJ; 4 g Eiweiß;
2 g Fett; 10 g Kohlenhydrate

TOMATEN-ORANGEN-SUPPE MIT ESTRAGON

Beweisen Sie mit diesem Gericht Ihr kulinarisches Können! Eine erfrischende Suppe, die heiß oder kalt serviert wird, kommt immer gut an.

- 1 Eßlöffel Öl
- 1 Zwiebel (in Scheiben geschnitten)
- 1 große Kartoffel (geschält und gewürfelt)
- 1½ kg Tomaten (gehackt)
- 2 Eßlöffel gehackter, frischer Estragon oder 1 Teelöffel getrockneter Estragon
- 1 Knoblauchzehe (durch die Presse gedrückt)
- ½ l Hühnerbrühe (siehe rechts)
- Salz
- Pfeffer
- ¼ l Orangensaft
- 1 Teelöffel abgeriebene Orangenschale
- Estragon- oder Petersilienzweige, zum Garnieren

1 Öl bei mittlerer Hitze in einem schweren Topf erhitzen. Zwiebel und Kartoffel darin 2–3 Minuten andünsten, bis die Zwiebel glasig ist.
2 Tomaten, Estragon, Knoblauch und Brühe dazugeben, mit Salz und Pfeffer abschmecken. Suppe aufkochen, dann bei schwacher Hitze 20–25 Minuten zugedeckt köcheln lassen, bis das Gemüse gar ist.
3 Suppe pürieren, nach Wunsch noch durch ein Sieb streichen.
4 Orangensaft und -schale in die Suppe geben, nochmals erhitzen oder die Suppe gekühlt servieren. Mit frischen Estragon- oder Petersilienzweigen nach Wunsch garnieren.

8 PORTIONEN
Vorbereitungszeit: ca. 15 Minuten
Garzeit: ca. 30 Minuten

65 kcal; 275 kJ; 2 g Eiweiß; 2 g Fett; 10 g Kohlenhydrate

HÜHNERBRÜHE

1 Suppenhuhn (ca. 1½ kg) in einen großen Topf geben und mit 2½ l Wasser langsam zum Kochen bringen. Dabei sich bildenden Schaum von der Oberfläche abschöpfen. 1 Bund Suppengrün, 1 kleine geschälte Zwiebel mit 3 Gewürznelken gespickt und 1 kleines Bund Estragon hinzufügen, mit Salz und Pfeffer abschmecken. Hitze reduzieren und die Brühe ca. 1½ Stunden köcheln lassen. Dann durch einen feinmaschigen Stoff (z.B. ein Mulltuch) oder ein sehr feines Sieb gießen. Abkühlen lassen und bis zum Verbrauch kühl stellen. Vor der Verwendung die gebildete Fettschicht abheben.

ERGIBT 1 LITER

KALTE BRUNNEN-KRESSESUPPE

Brunnenkresse schmeckt angenehm scharf und verleiht dieser kalten Suppe ein leicht pfeffriges Aroma.

- 1 Eßlöffel Öl
- 1 Zwiebel (gehackt)
- 1 Handvoll Brunnenkresse (grob gehackt)
- 1 Teelöffel Mehl
- 3/4 l Gemüsebrühe (siehe Seite 9)
- 1 mittelgroße Kartoffel (in 1 cm große Würfel geschnitten)
- 1 Prise Muskat
- Salz und Pfeffer
- 2 Eßlöffel saure Sahne
- 1 Eßlöffel Olivenöl, nach Wunsch
- grob geschroteter schwarzer Pfeffer

1 Öl in einem Topf erhitzen. Zwiebel und Kresse darin bei mittlerer Hitze ca. 10 Minuten unter ständigem Rühren dünsten. Von der Kochstelle nehmen und das Mehl einrühren. Wieder auf die Kochstelle stellen und so lange rühren, bis eine Mehlschwitze entstanden ist. Brühe unter Rühren dazugießen, dann Kartoffel und Muskat hinzufügen. Mit Salz und Pfeffer abschmecken.
2 Suppe aufkochen, dann bei schwacher Hitze zugedeckt 15–20 Minuten köcheln lassen, bis die Kartoffel gar ist. Etwas abkühlen lassen.
3 Suppe kurz pürieren. In eine große Schüssel füllen, mit Folie abdecken und mindestens 3 Stunden kühl stellen.
4 Saure Sahne cremig rühren und kurz vor dem Servieren unter die Suppe geben. Nochmals abschmecken. In gekühlte Suppentassen füllen. Jede Portion mit wenig Olivenöl und schwarzem Pfeffer garnieren und servieren.

8 PORTIONEN
Vorbereitungszeit: ca. 10 Minuten, plus 3 Stunden Kühlzeit
Garzeit: 35–40 Minuten

60 kcal; 246 kJ; 3 g Eiweiß; 2 g Fett; 9 g Kohlenhydrate

SPINATSUPPE

Wenn Sie nicht viel Zeit haben, können Sie für dieses Rezept auch tiefgekühlten Blattspinat verwenden. Doch das volle Aroma von frischem Spinat ist einfach unübertrefflich!

- 25 g Butter oder Margarine
- 1 Zwiebel (gehackt)
- 300 g frischer oder tiefgekühlter Spinat (geputzt oder aufgetaut)
- 600 ml Gemüsebrühe (siehe Seite 9)
- 1 mittelgroße Kartoffel (geschält und in dünne Scheiben geschnitten)
- 1 Teelöffel Zitronensaft
- 1 Prise Muskat
- Salz und weißer Pfeffer
- 100 ml fettarme Milch
- gemahlene Mandeln, zum Garnieren

1 Fett in einem schweren Topf erhitzen. Zwiebel darin bei mittlerer Hitze glasig dünsten. Frischen Spinat tropfnaß hinzufügen, zusammenfallen lassen und dünsten, bis er gar ist. Tiefgekühlten Spinat nach Packungsanweisung auftauen.
2 Brühe, Kartoffel, Zitronensaft und Muskat zum Spinat geben, mit Salz und Pfeffer abschmecken. Die Suppe bei mittlerer Hitze halb zugedeckt 10–12 Minuten köcheln lassen, bis die Kartoffel gar ist.
3 Suppe pürieren. Milch zufügen und nochmals erhitzen, dabei nicht aufkochen. In vorgewärmte Suppentassen füllen und jede Portion nach Wunsch mit gemahlenen Mandeln garnieren.

4 PORTIONEN
Vorbereitungszeit: ca. 10 Minuten
Garzeit: ca. 20 Minuten

130 kcal; 540 kJ; 6 g Eiweiß; 7 g Fett; 9 g Kohlenhydrate

ERBSEN-MINZE-SUPPE

- 25 g Butter oder Margarine
- 1 kleine Zwiebel (gehackt)
- 500 g tiefgekühlte grüne Erbsen
- 1 Messerspitze Zucker
- 1¼ l Hühnerbrühe (siehe Seite 14) oder Gemüsebrühe (siehe Seite 9)
- 4 Teelöffel gehackte frische Minze
- weißer Pfeffer
- 300 g Kartoffeln (geschält und gewürfelt)
- Salz
- 150 ml fettarme Milch

1 Fett in einem Topf erhitzen und die Zwiebel darin bei mittlerer Hitze unter ständigem Rühren glasig dünsten.
2 Erbsen, Zucker, Brühe und 3 Teelöffel der gehackten Minze zur Zwiebel geben. Mit weißem Pfeffer abschmecken und Suppe aufkochen. Kartoffeln hinzufügen und die Suppe bei schwacher Hitze halb zugedeckt 20–25 Minuten köcheln lassen.
3 Suppe pürieren und mit Salz abschmecken. Milch unter ständigem Rühren dazugießen. Suppe nochmals erhitzen, dabei nicht aufkochen. In vorgewärmten Suppentellern oder -tassen servieren und mit der restlichen gehackten Minze garnieren.

6 PORTIONEN
Vorbereitungszeit: 5–10 Minuten
Garzeit: 30–35 Minuten

148 kcal; 624 kJ; 7 g Eiweiß; 5 g Fett; 20 g Kohlenhydrate

ARTISCHOCKEN-SUPPE

- 500 g Artischocken
- 3 Eßlöffel Zitronensaft
- 1 Eßlöffel Sonnenblumenöl
- 1 l Hühnerbrühe (siehe Seite 14)
- 1 Teelöffel getrockneter Dill
- ½ Teelöffel Zucker
- Salz und Pfeffer

ZITRONEN-CROÛTONS:

- 4 Scheiben Toastbrot ohne Rinde
- 1 Eßlöffel Zitronensaft

1 Die Stiele von den Artischocken abschneiden. Die Artischocken in kleine Stücke schneiden und großzügig mit dem Zitronensaft beträufeln.

2 Sonnenblumenöl in einem Topf erhitzen und Artischocken hinzugeben. Topf schließen und die Artischocken bei schwacher Hitze 1–2 Minuten dünsten. Brühe zugießen, aufkochen und zugedeckt ca. 30 Minuten köcheln lassen.

3 Artischocken in der Brühe mit dem getrockneten Dill und dem Zucker pürieren, nach Wunsch noch durch ein Sieb streichen. Suppe nochmals erhitzen, mit Salz und Pfeffer abschmecken.

4 Für die Zitronen-Croûtons die Toastbrotscheiben auf beiden Seiten mit Zitronensaft beträufeln und goldbraun toasten. Dann in Würfel schneiden.

5 Die Suppe mit den Croûtons garnieren und sofort servieren.

4 PORTIONEN

Vorbereitungszeit: ca. 20 Minuten
Garzeit: ca. 35 Minuten

150 kcal; 690 kJ; 5 g Eiweiß; 4 g Fett;
27 g Kohlenhydrate

PASTINAKEN-CURRY-SUPPE

- 350 g Pastinaken (geschält und gewürfelt)
- 1 Zwiebel (gehackt)
- 600 ml Hühnerbrühe (siehe Seite 14)
- Salz und Pfeffer
- 1 Teelöffel mildes Currypulver
- Vollmilchjoghurt und Koriandergrün zum Garnieren

1 Pastinaken, Zwiebel und Brühe in einen großen Topf geben, mit Salz und Pfeffer abschmecken. Aufkochen und ca. 20 Minuten zugedeckt köcheln lassen, bis die Pastinaken gar sind.
2 Suppe vom Herd nehmen und kurz abkühlen lassen. Pürieren oder mit dem Löffelrücken durch ein feines Sieb drücken. Currypulver daruntermischen.
3 Suppe nochmals erhitzen und heiß servieren. Jede Portion mit einem Löffel Joghurt und Koriandergrün garnieren.

4 PORTIONEN
Vorbereitungszeit: ca. 15 Minuten
Garzeit: ca. 30 Minuten

75 kcal; 315 kJ; 3 g Eiweiß; 2 g Fett; 10 g Kohlenhydrate

VARIATION
MÖHREN-CURRY-SUPPE

Die Pastinaken durch Möhren ersetzen. Nehmen Sie mehr Currypulver, und die Suppe wird angenehm scharf.

PASTINAKEN-MÖHREN-SUPPE

- 250 g Pastinaken (geschält und gewürfelt)
- 250 g Möhren (geschält und gewürfelt)
- 1 Zwiebel (gehackt)
- 600 ml Hühnerbrühe (siehe Seite 14)
- Salz und Pfeffer
- Vollmilchjoghurt zum Garnieren

1 Pastinaken, Möhren und Zwiebel in einen großen Topf geben, Brühe dazugießen und mit Salz und Pfeffer würzen. Aufkochen und zugedeckt ca. 20 Minuten köcheln lassen, bis das Gemüse gar ist.
2 Die Suppe vom Herd nehmen und kurz abkühlen lassen. Pürieren oder mit dem Löffelrücken durch ein feines Sieb streichen.
3 Suppe nochmals erhitzen. In vorgewärmte Suppenteller- oder tassen füllen, mit Joghurt garnieren und servieren.

4 PORTIONEN
Vorbereitungszeit: ca. 15 Minuten
Garzeit: ca. 30 Minuten

70 kcal; 298 kJ; 3 g Eiweiß; 1 g Fett; 14 g Kohlenhydrate

MÖHREN-SALBEI-SUPPE

Frischer Salbei ist während der Wintermonate häufig schwer zu bekommen. Sie können statt dessen auch 1/2 Eßlöffel getrockneten Salbei verwenden, der vorher noch in etwas warmem Weißwein eingeweicht werden sollte.

- 25 g Butter
- 1 große Zwiebel (fein gehackt)
- 750 g Möhren (in dünne Scheiben geschnitten)
- 1 l Gemüsebrühe (siehe Seite 9)
- Salz und Pfeffer
- 1 Eßlöffel frischer gehackter Salbei

1 Butter in einem schweren Topf erhitzen. Zwiebel darin glasig dünsten. Möhren und Brühe hinzufügen, mit Salz und Pfeffer abschmecken.
2 Aufkochen und die Suppe offen ca. 30 Minuten köcheln lassen.
3 Suppe pürieren und den gehackten Salbei daruntermischen. Aufkochen und bei schwacher Hitze noch weitere 15 Minuten köcheln lassen.

6 PORTIONEN
Vorbereitungszeit: ca. 15 Minuten
Garzeit: ca. 45 Minuten

77 kcal; 324 kJ; 2 g Eiweiß; 5 g Fett; 6 g Kohlenhydrate

KALTE FRUCHTSUPPE

Diese Mischung aus Früchten, Säften und Honig ist an heißen Sommertagen ein idealer Ersatz für das Frühstück oder Mittagessen.

- 2 Äpfel (geschält, geviertelt und entkernt)
- 6 Bananen (grob gewürfelt)
- 500 g Erdbeeren
- 350 g Birnen (geschält, geviertelt und entkernt)
- 1 l frisch gepreßter Orangensaft
- 2 Eßlöffel Zitronensaft
- 300 ml frisch gepreßter Grapefruitsaft
- 5–6 Eßlöffel flüssiger Honig
- grob geschroteter schwarzer Pfeffer zum Garnieren

1 Alle Früchte mit 300 ml Orangensaft pürieren. Dann Zitronen- und Grapefruitsaft sowie Honig hinzugeben. Nochmals cremig pürieren.
2 Suppe in eine große Schüssel füllen, restlichen Orangensaft unterrühren und die Schüssel locker mit Klarsichtfolie bedecken. 3–4 Stunden kühl stellen.
3 Suppe in gekühlte Tassen oder Teller füllen. Jede Portion mit grob geschrotetem Pfeffer garnieren und sofort servieren.

8 PORTIONEN
Zubereitungszeit: ca. 10 Minuten, plus 3–4 Stunden Kühlzeit

200 kcal; 834 kJ; 2 g Eiweiß; 1 g Fett; 43 g Kohlenhydrate

KALTE TOMATEN-BASILIKUM-SUPPE

- 1 kg reife Tomaten (gehäutet, entkernt und gewürfelt)
- 1 große Knoblauchzehe (fein gehackt)
- 1 Eßlöffel gehacktes frisches Basilikum
- ½ l Hühnerbrühe (siehe Seite 14)
- Saft von 1 großen Orange
- 2 Sardellenfilets (gehackt)
- Salz
- Pfeffer
- 4 Scheiben dünn geschnittener Vollkorntoast
- 2 Teelöffel Pesto (italienische Basilikumpaste)

1 Tomaten, Knoblauch, Basilikum, Brühe, Orangensaft und Sardellenfilets in einen großen Topf geben. Mit Salz und Pfeffer abschmecken.
2 Suppe aufkochen und 3–4 Minuten bei schwacher Hitze köcheln lassen.
3 Etwas abkühlen lassen und pürieren. In eine große Schüssel füllen, mit Folie zudecken und mindestens 4 Stunden kühl stellen.
4 Für die Pesto-Stangen die Toastbrotscheiben dünn mit Pesto bestreichen. Unter dem vorgeheizten Grill so lange rösten, bis sie leicht goldbraun sind und in Stangen schneiden.
5 Suppe in Teller oder Tassen verteilen und mit den Brotstangen servieren.

4 PORTIONEN
Vorbereitungszeit: 15–20 Minuten, plus 4 Stunden Kühlzeit
Garzeit: 6–7 Minuten

125 kcal; 523 kJ; 6 g Eiweiß; 3 g Fett; 20 g Kohlenhydrate

KALORIENARME VICHYSSOISE

Diese raffinierte kalte Suppe besteht aus einfachen Zutaten: Porree und Kartoffeln. Sie wurde um 1920 von dem französischen Koch Louis Diat, der in den Vereinigten Staaten lebte, kreiert. Vichyssoise kann 24 Stunden im voraus zubereitet werden. Sie sollte immer sehr cremig sein und gut gekühlt serviert werden. Der Name, Vichyssoise, bezeichnet jede kalte Suppe, die aus Kartoffeln und einem anderen Gemüse, wie Porree oder Zucchini, besteht.

- 15 g Butter oder Margarine
- 500 g Porree (nur der weiße Teil, in dünne Scheiben geschnitten)
- 1 kleine Zwiebel (gehackt)
- ½ l Gemüsebrühe (siehe Seite 9)
- 1 Prise Muskat
- 250 g Kartoffeln (geschält und gewürfelt)
- Salz
- weißer Pfeffer
- ½ l fettarme Milch
- 1 Eßlöffel Schnittlauchröllchen, zum Garnieren

1 Fett in einem Topf erhitzen. Porree und Zwiebel darin unter ständigem Rühren ca. 5 Minuten bei schwacher Hitze dünsten. Das Gemüse soll dabei keine Farbe annehmen.
2 Brühe, Muskat und Kartoffeln in den Topf geben. Mit Salz und Pfeffer würzen. Aufkochen. Bei schwacher Hitze halb zugedeckt ca. 25 Minuten köcheln lassen. Milch zugießen und die Suppe für weitere 5–8 Minuten köcheln lassen. Etwas abkühlen lassen.
3 Suppe pürieren und nach Wunsch noch durch ein Sieb streichen. In eine Schüssel gießen, gut umrühren und die Schüssel gut abdecken. Mindestens 3 Stunden kühl stellen.
4 Kurz vor dem Servieren die kalte Suppe nochmal mit Salz und Pfeffer kräftig abschmecken. In gekühlte Teller oder Tassen füllen, großzügig mit Schnittlauch bestreuen und servieren.

6 PORTIONEN
Vorbereitungszeit: ca. 15 Minuten, plus 3 Stunden Kühlzeit
Garzeit: ca. 40 Minuten

115 kcal; 485 kJ; 5 g Eiweiß; 4 g Fett; 13 g Kohlenhydrate

GRIECHISCHE REISSUPPE

Die Suppe mit Eiern und Zitrone schmeckt köstlich und erfrischend!

- 1 1/2 l Hühnerbrühe (siehe Seite 14)
- Salz
- 50 g Langkornreis
- 2 Eier
- 2–3 Eßlöffel Zitronensaft
- Pfeffer
- 1 Eßlöffel gehackte Petersilie, nach Wunsch

1 Brühe, etwas Salz und Reis in einen Topf geben. Aufkochen und umrühren, dann bei schwacher Hitze zugedeckt ca. 20 Minuten köcheln lassen. Nochmals umrühren.

2 Eier in einer Schüssel verschlagen, dann den Zitronensaft zugießen. Nacheinander zwei Schöpfkellen voll Brühe gründlich darunterschlagen.

3 Die restliche Brühe im Topf mit dem gegarten Reis aufkochen. Topf kurz von der Kochstelle nehmen und die Eier-Zitronen-Brühe unterrühren. Nun die Suppe bei schwacher Hitze weitere 2 Minuten köcheln lassen. Mit Salz und Pfeffer abschmecken.

4 Die Reissuppe in vorgewärmte Teller oder Tassen füllen, nach Wunsch mit gehackter Petersilie garnieren und sofort servieren.

6 PORTIONEN

Vorbereitungszeit: ca. 10 Minuten
Garzeit: ca. 25 Minuten

60 kcal; 255 kJ; 4 g Eiweiß; 2 g Fett; 7 g Kohlenhydrate

SELLERIECREMESUPPE MIT GARNELEN

Diese duftende, cremige Suppe kann entweder heiß oder kalt serviert werden und ist in wenigen Minuten zubereitet.

- 20 g Butter oder Margarine
- 500 g Staudensellerie (Stangen in Scheiben geschnitten)
- 3/4 l Fleischbrühe
- 1/4 l fettarme Milch
- 2 Eigelb
- Salz und Pfeffer
- Muskat
- 50 g gegarte, geschälte Garnelen (aufgetaut, falls tiefgefroren)
- Schnittlauch, zum Garnieren

1 Fett in einem großen Topf erhitzen, Selleriestückchen hineingeben und ca. 5 Minuten dünsten. Mit Brühe und 200 ml Milch aufgießen und ca. 20 Minuten garen.
2 Eigelbe mit der restlichen Milch verqirlen. Die Eigelbmilch unter ständigem Rühren in die Suppe gießen, um sie etwas zu binden. Die Suppe dann nicht mehr aufkochen lassen, damit das Eigelb nicht gerinnt.
3 Mit Salz, Pfeffer und Muskat abschmecken. Garnelen unter die Suppe mischen und kurz darin ziehen lassen. Die Suppe auf vorgewärmte Teller geben, mit Schnittlauch bestreuen und servieren. Oder die Suppe abkühlen lassen, mindestens 3 Stunden kühl stellen und kalt servieren.

6 PORTIONEN
Vorbereitungszeit: ca. 5 Minuten
Garzeit: ca. 25 Minuten

137 kcal; 573 kJ; 8 g Eiweiß; 9 g Fett; 4 g Kohlenhydrate

KARTOFFEL-BASILIKUM-SUPPE

- 15 g Butter
- 750 g mehlige Kartoffeln (geschält und gewürfelt)
- 6 Knoblauchzehen (geschält)
- 50 g frisches Basilikum (gehackt)
- 3/4 l Hühnerbrühe (siehe Seite 14)
- 3/4 l trockener Weißwein
- 1 Teelöffel Zitronensaft
- Salz und Pfeffer

1 Butter in einem großen schweren Topf erhitzen. Kartoffeln, Knoblauch und die Hälfte des Basilikums dazugeben. Alles 2–3 Minuten unter ständigem Rühren bei schwacher Hitze andünsten. Mit Brühe und Wein aufgießen.
2 Aufkochen und bei mittlerer Hitze im offenen Topf ca. 15 Minuten köcheln lassen.
3 Restliches Basilikum unterrühren und die Suppe pürieren.
4 Mit Zitronensaft, Salz und Pfeffer abschmecken. Sofort servieren oder abkühlen lassen. Falls die Suppe kalt serviert wird, muß sie kräftiger gewürzt werden.

6 PORTIONEN
Vorbereitungszeit: ca. 10 Minuten
Garzeit: ca. 20 Minuten

187 kcal; 787 kJ; 4 g Eiweiß; 2 g Fett; 23 g Kohlenhydrate

ROTE LINSENSUPPE

- 250 g rote Linsen
- 1 Stange Porree (in Scheiben geschnitten)
- 2 große Möhren (in Scheiben geschnitten)
- 1 Stange Staudensellerie (in Scheiben geschnitten)
- 1 Knoblauchzehe (durch die Presse gedrückt), nach Wunsch
- 1 Lorbeerblatt
- 1¼ l Gemüsebrühe (siehe Seite 9)
- ½ Teelöffel Cayennepfeffer
- Pfeffer
- Magermilchjoghurt
- Schnittlauchröllchen zum Garnieren

1 Alle Zutaten, bis auf Pfeffer, Joghurt und Schnittlauch, in einen großen Topf geben. Alles aufkochen und bei mittlerer Hitze im geschlossenen Topf 20–25 Minuten köcheln lassen, bis die Linsen und das Gemüse gar sind.
2 Etwas abkühlen lassen und das Lorbeerblatt entfernen. Die Suppe pürieren.
3 Mit Pfeffer abschmecken und die Linsensuppe nochmals erhitzen. In vorgewärmte Suppenteller oder -tassen füllen, mit etwas Joghurt sowie Schnittlauch garnieren und servieren.

4 PORTIONEN
Vorbereitungszeit: ca. 10 Minuten
Garzeit: 25–30 Minuten

140 kcal; 600 kJ; 10 g Eiweiß; 1 g Fett; 25 g Kohlenhydrate

GEMÜSESUPPE MIT NUDELN

- 250 g Möhren (gewürfelt)
- 250 g Zucchini (gewürfelt)
- 2 große Selleriestangen (gehackt)
- 1 große Zwiebel (fein gehackt)
- 150 g Weißkohl (in Streifen geschnitten)
- ¾ l Hühnerbrühe (siehe Seite 14)
- ¼ l Tomatensaft
- 1 Knoblauchzehe (geschält)
- 150 g kleine Nudeln
- Salz und Pfeffer

1 Gemüse, Brühe, Tomatensaft und Knoblauch in einen großen Topf geben. Aufkochen, Hitze reduzieren, entstandenen Schaum von der Oberfläche abschöpfen und die Nudeln daruntermischen.
2 Mit Salz und Pfeffer abschmecken, Topf zudecken. 15–20 Minuten köcheln lassen, bis das Gemüse und die Nudeln gar sind.
3 Die Suppe in vorgewärmte Teller oder Tassen füllen und sofort servieren.

4 PORTIONEN
Vorbereitungszeit: ca. 15 Minuten
Garzeit: ca. 25 Minuten

150 kcal; 630 kJ; 6 g Eiweiß; 1 g Fett;
30 g Kohlenhydrate

MINESTRONE

- 125 g getrocknete weiße Bohnen (über Nacht eingeweicht)
- 1 Eßlöffel Öl
- 2 Zwiebeln (gehackt)
- 2 Knoblauchzehen (durch die Presse gedrückt)
- 1 3/4 l Wasser
- 1 Teelöffel frischer gehackter Majoran
- 1/4 Teelöffel frischer gehackter Thymian
- 4 Tomaten (gehäutet, entkernt und gehackt)
- 2 Möhren (gewürfelt)
- 2 Kartoffeln (gewürfelt)
- 1 kleine Steckrübe (gewürfelt)
- 1-2 Stangen Staudensellerie (gehackt)
- 250 g Weißkohl (in Streifen geschnitten)
- 50 g kleine Nudeln
- 1 Eßlöffel frische gehackte Petersilie
- Salz und Pfeffer
- 3 Eßlöffel geriebener Parmesankäse

1 Bohnen abtropfen lassen und unter fließendem kaltem Wasser abspülen.
2 Öl in einem großen Topf erhitzen. Zwiebeln und Knoblauch ca. 5 Minuten darin unter Rühren glasig dünsten.
3 Bohnen, Wasser, Majoran, Thymian und Tomaten hinzufügen, zudecken und ca. 2 Stunden köcheln lassen.
4 Dann die Möhren, Kartoffeln und Steckrübe daruntermischen. Alles zusammen 20 Minuten bei schwacher Hitze köcheln lassen.
5 Zum Schluß Sellerie, Weißkohl und Nudeln zur Suppe geben und alles wieder 10 Minuten köcheln lassen, bis das Gemüse und die Nudeln gar sind. Petersilie daruntermischen und die Suppe nach Geschmack würzen. Parmesankäse in die Suppe rühren. Die Minestrone in Teller oder Tassen füllen und sofort servieren. Parmesankäse zum Bestreuen dazu reichen.

8 PORTIONEN
Vorbereitungszeit: ca.20 Minuten, plus 1 Nacht Einweichzeit
Garzeit: ca. 2 1/2 Stunden

140 kcal; 580 kJ; 7 g Eiweiß; 4 g Fett; 20 g Kohlenhydrate

HAUPT-GERICHTE

SPAGHETTI MIT KRÄUTERCREME

1 großes Bund Petersilie (gehackt)
½ Bund Estragon (gehackt)
1 Bund Basilikum (gehackt)
1 Eßlöffel Olivenöl
1 große Knoblauchzehe (durch die Presse gedrückt)
4 Eßlöffel Hühnerbrühe (siehe Seite 14)
2 Eßlöffel trockener Weißwein
Salz und Pfeffer
400 g bunte Spaghetti

1 Petersilie, Estragon, Basilikum, Olivenöl, Knoblauch, Hühnerbrühe, Weißwein mit etwas Salz und Pfeffer im Mixer oder mit dem Mixstab pürieren.
2 Nudeln in kräftig gesalzenem Wasser nach Packungsanweisung bißfest kochen.
3 Spaghetti abschütten, abtropfen lassen und in eine vorgewärmten Schüssel füllen. Die Kräutercreme darübergeben und alles gut mischen, sofort servieren.

4 PORTIONEN
Vorbereitungszeit: ca. 15 Minuten
Garzeit: 10–12 Minuten

425 kcal; 1790 kJ; 15 g Eiweiß; 7 g Fett; 70 g Kohlenhydrate

NUDELGRATIN MIT HÄHNCHEN

- 400 g bunte Fusilli (Spiralnudeln)
- Salz
- 600 ml fettarme Milch
- 40 g Weizenmehl (Type 405)
- Pfeffer
- Muskat
- 300 g Hähnchenbrustfilet (gegart und gewürfelt)
- 1 Scheibe Vollkornweizenbrot (zerkrümelt)

1 Nudeln nach Packungsanweisung in kräftig gesalzenem Wasser kochen.

2 Inzwischen die Milch in einen Topf geben. Bei schwacher Hitze das Mehl nach und nach hineinrühren, bis eine cremige Soße entsteht. Einmal kurz aufkochen, unter ständigem Rühren 1 Minute köcheln lassen, dann großzügig mit Pfeffer und 1 Prise Muskat würzen.

3 Die Hähnchenbrustwürfel unter die Soße rühren. Die Nudeln abgießen. Die Soße in eine flache, ofenfeste Form füllen und die Nudeln darauf verteilen. Leicht andrücken, ohne die Nudeln vollständig in die Soße zu tauchen.

4 Die Brotkrumen über die Nudeln streuen und das Gratin im vorgeheizten Ofen bei 190 Grad ca. 20 Minuten backen, bis die Oberfläche gebräunt und knusprig ist. Sofort servieren.

4 PORTIONEN

Vorbereitungszeit: ca. 15 Minuten
Garzeit: ca. 20 Minuten
Ofentemperatur: 190 Grad, Gas Stufe 3, Umluft 170 Grad

560 kcal; 2350 kJ, 36 g Eiweiß; 6 g Fett; 81 g Kohlenhydrate

TAGLIATELLE MIT TOMATENSOSSE

- 2 Eßlöffel Olivenöl
- 2 Zwiebeln (gehackt)
- 2 Knoblauchzehen (durch die Presse gedrückt)
- 1 Packung Tomatenfruchtfleisch in Stücken (500 g)
- 2 Eßlöffel Tomatenmark
- 1 Teelöffel Zucker
- 1/8 l trockener Weißwein
- ein paar reife Oliven (entsteint und geviertelt)
- 1 Handvoll Basilikumblätter (gehackt)
- 400 g Tagliatelle
- Salz
- 25 g geriebener Parmesankäse (nach Wunsch)
- Pfeffer

1 1 Eßlöffel Olivenöl in einer großen Pfanne erhitzen. Die Zwiebeln und den Knoblauch darin bei schwacher Hitze unter gelegentlichem Rühren glasig dünsten.
2 Dann die Tomaten, das Tomatenmark, den Zucker und den Weißwein hinzufügen. Bei schwacher Hitze so lange köcheln lassen, bis die Soße andickt. Oliven und Basilikum untermischen. Mit Salz und reichlich Pfeffer abschmecken.
3 In der Zwischenzeit Tagliatelle nach Packungsanweisung in kräftig gesalzenem Wasser bißfest kochen.
4 Tagliatelle abgießen, gut abtropfen lassen und das restliche Olivenöl untermischen. Die Nudeln auf 4 Tellern anrichten, die Tomatensoße darübergeben. Nach Wunsch mit Parmesankäse bestreuen und sofort servieren.

4 PORTIONEN
Vorbereitungszeit: ca. 10 Minuten
Garzeit: ca. 20 Minuten

490 kcal; 2057 kJ; 17 g Eiweiß; 12 g Fett; 72 g Kohlenhydrate

VOLLKORN-NUDELN MIT PEPERONATA

Sonnengereifte Paprika und fruchtige Tomaten sowie würziges Basilikum werden in der Peperonata miteinander zu einer leichten, köstlichen Soße kombiniert. Mit Vollkornnudeln ist das ein schnelles vollwertiges Sommergericht! Schmeckt auch kalt mit Baguette.

- 2 Eßlöffel Olivenöl
- 1 große Zwiebel (in dünne Ringe geschnitten)
- 1 große Knoblauchzehe (durch die Presse gedrückt)
- 2 rote Paprikaschoten (geputzt und in Streifen geschnitten)
- 2 grüne Paprikaschoten (geputzt und in Streifen geschnitten)
- 400 g Tomaten (entkernt und gehackt)
- 1 Bund Basilikum (in feinen Streifen)
- Salz und Pfeffer
- 300 g Vollkornbandnudeln

1 1 Eßlöffel Olivenöl in einer tiefen Pfanne erhitzen. Zwiebel und Knoblauch bei schwacher Hitze darin glasig dünsten. Paprika, Tomaten und kleingeschnittenes Basilikum zugeben. Mit Salz und Pfeffer abschmecken. Zirka 10 Minuten in der geschlossenen Pfanne köcheln lassen.

2 Deckel von der Pfanne nehmen und die Soße bei starker Hitze so lange einkochen, bis fast keine Flüssigkeit mehr vorhanden ist. Die Gemüsesauce warm stellen.

3 In der Zwischenzeit Nudeln nach Packungsanweisung in kräftig gesalzenem Wasser kochen. Gut abtropfen lassen und das restliche Olivenöl untermischen.

4 Nudeln auf Tellern anrichten und die heiße Soße darüber verteilen. Nach Wunsch noch einen gemischten Salat dazu reichen.

6 PORTIONEN

Vorbereitungszeit: 20–25 Minuten
Garzeit: ca. 20 Minuten

239 kcal; 1000 kJ; 8 g Eiweiß; 6 g Fett; 35 g Kohlenhydrate

HÄHNCHENBRUST MIT TRAUBEN-SOSSE

- 4 Hähnchenbrustfilets (à ca. 150 g)
- 300 ml Hühnerbrühe (siehe Seite 14)
- 1 Eßlöffel Speisestärke
- 200 ml fettarme Milch
- 200 g weiße Weintrauben (halbiert, entkernt)
- Salz und Pfeffer

1 Die Hähnchenbrustfilets waschen, trockentupfen und in eine tiefe Pfanne legen. Brühe darübergießen und aufkochen. Das Fleisch 15–20 Minuten bei schwacher Hitze in der geschlossenen Pfanne garen.

2 Aus der Pfanne nehmen und warm stellen. Brühe durch ein feines Sieb in einen Meßbehälter gießen. Pfanne mit Küchenpapier auswischen und 150 ml der Brühe wieder in die Pfanne gießen.

3 Die Speisestärke mit etwas Milch anrühren, mit der restlichen Milch zur Brühe in die Pfanne geben. Bei schwacher Hitze unter ständigem Rühren aufkochen. Wenn die Soße andickt, das Hähnchenfleisch hineinlegen, Trauben hinzufügen. Zirka 5 Minuten bei schwacher Hitze durchziehen lassen. Nach Wunsch abschmecken. Mit Kartoffeln und Möhren servieren.

4 PORTIONEN

Vorbereitungszeit: ca. 20 Minuten
Garzeit: ca. 30 Minuten

230 kcal; 966 kJ; 35 g Eiweiß; 5 g Fett; 13 g Kohlenhydrate

FORELLEN IN DER FOLIE MIT GEMÜSE

- 2 Knoblauchzehen (gehackt)
- 1 Zwiebel (gehackt)
- 1 Stange Staudensellerie (gehackt)
- Salz und Pfeffer
- 4 Zweige frischer Rosmarin
- 2 Eßlöffel trockener Weißwein
- 2 küchenfertige Forellen (à ca. 250 g)
- Rosmarinzweige, zum Garnieren

1 Knoblauch, Zwiebel und Sellerie in einen Dämpfeinsatz legen und bei schwacher Hitze über wenig kochendem Wasser ca. 5 Minuten dämpfen. Mit Salz und Pfeffer würzen, 2 Rosmarinzweige dazulegen und Weißwein zugießen. Weitere 5 Minuten dämpfen.

2 2 Stücke Alufolie oder Pergamentpapier so groß ausschneiden, daß der Fisch darin eingewickelt werden kann. Die Gemüsemischung auf dem Papier oder der Folie gleichmäßig verteilen.

3 Forellen waschen und mit Küchenpapier trockentupfen. Innen und außen mit Salz und Pfeffer würzen. Jeweils 1 Forelle auf die Gemüsemischung legen, 1 Zweig Rosmarin dazulegen.

4 Den Fisch in der Folie oder dem Papier locker einwickeln. Dabei die Seiten und Enden doppelt zusammenfalten. Die Päckchen auf ein Backblech legen und die Forellen im vorgeheizten Ofen bei 220 Grad 15–20 Minuten garen. Die Päckchen aus dem Ofen nehmen, öffnen und sofort servieren.

2 PORTIONEN

Vorbereitungszeit: 10–15 Minuten
Garzeit: ca. 20 Minuten
Ofentemperatur: 220 Grad, Gas Stufe 4–5, Umluft 200 Grad

150 kcal; 624 kJ; 22 g Eiweiß; 4 g Fett; 4 g Kohlenhydrate

VARIATION

FORELLEN MIT DILL UND BRUNNENKRESSE

Knoblauch und Zwiebel wie links beschrieben dämpfen. Den Staudensellerie durch 50 g grob gehackte Brunnenkresse und die Rosmarinzweige durch Dillzweige ersetzen. Dann die Forellen wie links beschrieben in Folie ode Papier wickeln und im Ofen garen.

FORELLE IM PAPIERMANTEL

- 4 küchenfertige Forellen (à ca. 250 g)
- Salz und Pfeffer
- 2 Knoblauchzehen (fein gehackt)
- 1 Eßlöffel frischer gehackter Thymian
- 1 Eßlöffel frischer gehackter Rosmarin
- 8 Eßlöffel Roséwein

1 4 ausreichend große Stücke Alufolie oder Pergamentpapier abschneiden und ausbreiten.

2 Je eine Forelle auf ein Stück Papier legen, die überstehenden Ecken hochziehen, daß das Papier oder die Folie ein Behältnis für jeden Fisch formt.

3 Etwas Salz, Pfeffer, Knoblauch und Kräuter über die Fische verteilen und je 2 Eßlöffel Wein dazugießen. Das Papier locker über den Forellen zusammenfalten. Die Forellen im vorgeheizten Ofen bei 220 Grad 15–20 Minuten backen.

4 Die Fischpäckchen auf Teller geben, oben vorsichtig öffnen, damit der heiße Dampf entströmen kann und sofort servieren.

4 PORTIONEN

Vorbereitungszeit: ca. 15 Minuten
Garzeit: 15–20 Minuten
Ofentemperatur: 220 Grad,
Gas Stufe 4–5, Umluft 200 Grad

240 kcal; 1020 kJ; 39 g Eiweiß; 6 g Fett; 1 g Kohlenhydrate

FISCHFILETS MIT ZITRONENSOSSE

Diese leichte Soße paßt zu Kabeljau- und Rotbarschfilets, aber auch zu Lachsfilets.

- 4 Fischfilets (à ca. 180 g)
- 2 Eßlöffel Zitronensaft
- Salz
- 100 ml trockener Weißwein
- 2 Teelöffel Speisestärke
- 150 ml fettarme Milch
- 100 g Magermilchjoghurt
- Schale von unbehandelten 1 Zitrone (in feine Streifen geschnitten)
- ½ Teelöffel Zucker
- Pfeffer
- Petersilienzweige, zum Garnieren

1 Fischfilets mit 1 Eßlöffel Zitronensaft beträufeln, leicht salzen und in eine große Pfanne legen. Wein zugießen und zum Kochen bringen. Fischfilets je nach Dicke in 5–10 Minuten bei schwacher Hitze darin gar ziehen lassen. Der Fisch ist gar, wenn das Fleisch weiß ist und bei leichtem Druck zerfällt. Fisch vorsichtig aus dem Sud heben und auf eine vorgewärmte Servierplatte legen, zudecken und warm stellen.
2 Während der Fisch gart, Speisestärke mit etwas Milch verrühren. Restliche Milch in den Fischsud gießen und zusammen aufkochen. Mit der Stärke binden. Ab und zu umrühren.
3 Pfanne von der Kochstelle nehmen und vorsichtig Joghurt, restlichen Zitronensaft, die Hälfte der Zitronenschale und den Zucker unter die Soße rühren. Pfanne wieder auf die Kochstelle geben, Soße erhitzen, nicht mehr aufkochen lassen. Mit Salz und Peffer abschmecken.
4 Soße über die Fischfilets gießen, mit der restlichen Zitronenschale und der Petersilie garnieren.

4 PORTIONEN
Vorbereitungszeit: ca. 20 Minuten
Garzeit: ca. 15 Minuten

190 kcal; 798 kJ; 34 g Eiweiß; 2 g Fett; 42 g Kohlenhydrate

LACHS MIT BASILIKUMSOSSE

- 2 Stangen Staudensellerie (gehackt)
- 1 Möhre (gehackt)
- 1 kleine Zucchini (gehackt)
- 1 kleine Zwiebel (gehackt)
- 4 dünne Lachskoteletts (à ca. 100 g)
- 1 großes Bund Basilikum (Blättchen abgezupft)
- 75 ml Weißwein
- 125 ml Wasser
- 1 Teelöffel Zitronensaft
- 15 g Butter
- Salz und Pfeffer

1 Staudensellerie, Möhre, Zucchini und Zwiebel gleichmäßig in eine tiefe Pfanne verteilen, Lachskoteletts darauflegen und mit der Hälfte der Basilikumblättchen bestreuen.
2 Wein und Wasser zugießen. Mit Salz und Pfeffer abschmecken. Aufkochen, die Pfanne schließen und den Fisch in ca. 10 Minuten bei schwacher Hitze garziehen lassen. Lachskoteletts auf einen vorgewärmten Servierteller legen und im Ofen warm halten.
3 Das Gemüse mit Flüssigkeit in der Pfanne nochmals aufkochen. Weitere 5 Minuten köcheln lassen. Das restliche Basilikum hinzufügen und alles pürieren.
4 Das Püree aufkochen und so lange kochen, bis eine sämige Soße entstanden ist.
5 Pfanne von der Kochstelle nehmen, Zitronensaft und Butter kräftig unterschlagen. Die Basilikumsoße über den Fisch gießen und sofort servieren.

4 PORTIONEN
Vorbereitungszeit: ca. 20 Minuten
Garzeit: ca. 25 Minuten

275 kcal; 1150 kJ; 21 g Eiweiß; 17 g Fett; 2 g Kohlenhydrate

SCHOLLENFILET-RÖLLCHEN MIT JOGHURTSOSSE

- 8 kleine Schollenfilets ohne Haut(à ca. 80 g)
- Salz und Pfeffer
- 1½ cm frischer Ingwer (geschält, die Hälfte gerieben)
- 1 Zwiebel (fein gehackt)
- 150 ml Weißwein
- 150 ml Gemüsebrühe
- 2 Stangen Porree (in feine Streifen geschnitten)
- ½ Teelöffel mildes Currypulver
- 4 Eßlöffel Magermilchjoghurt
- Weißbrot zum Rösten nach Wunsch

1 Schollenfilets mit der gehäuteten Seite nach oben auf die Arbeitsfläche legen. Mit Salz, Pfeffer und geriebenem Ingwer bestreuen. Filets aufrollen und mit Zahnstochern befestigen.
2 Zwiebel in eine große Pfanne geben, Fischröllchen darauf legen. Wein und Brühe angießen. Pfanne zudecken, die Röllchen in ca. 10 Minuten bei schwacher Hitze gar ziehen lassen. Herausnehmen und warm stellen.
3 Inzwischen den Porree in kochendem gesalzenen Wasser in ca. 3 Minuten bißfest garen. Abtropfen lassen.
4 Restlichen Ingwer durch eine Knoblauchpresse drücken. Mit Curry, Salz und Pfeffer unter den Joghurt rühren.
5 Fischfilets anrichten, mit Porree und kleinen gerösteten Weißbrotscheiben servieren. Soße dazu reichen.

4 PORTIONEN
Vorbereitungszeit: ca. 20 Minuten
Garzeit: ca. 13 Minuten

250 kcal; 1060 kJ; 32 g Eiweiß; 4 g Fett; 11 g Kohlenhydrate

SEEZUNGEN-LACHS-RÖLLCHEN

- 6 kleine Seezungenfilets ohne Haut (à ca. 50 g)
- Salz und Pfeffer
- 3 Scheiben Räucherlachs (à ca. 25 g)
- 1 Eβlöffel gehackter Dill
- 300 ml Fischfond (aus dem Glas)
- 50 g Garnelen (gekocht, geschält, ohne Darm)
- 300 ml Kräutersoβe (siehe rechts), nach Wunsch

Zum Garnieren:
- Dillzweige
- Zitronenscheiben

1 Die Seezungenfilets flach auf die Arbeitsfläche legen. Mit Salz und Pfeffer würzen. Lachsscheiben der Länge nach halbieren und jeweils eine Hälfte auf ein Seezungenfilet legen. Mit dem gehackten Dill bestreuen, locker aufrollen und mit Zahnstochern befestigen.
2 Fischröllchen in eine tiefe Pfanne legen und Fischfond zugießen. Der Fisch soll vollständig vom Fond bedeckt sein. Die Pfanne schließen und die Röllchen in ca. 8 Minuten gar ziehen lassen. Fischröllchen aus dem Sud heben und auf einem Servierteller warm stellen.
3 Nach Wunsch 4 Eßlöffel des Suds in einen kleinen Topf füllen und bei starker Hitze auf ca. 1 Eßlöffel einkochen.
4 Garnelen und die Kräutersoße unter den Sud rühren und bei schwacher Hitze erwärmen. Die Soße gleichmäßig über den Fischröllchen verteilen. Mit Dillzweigen und Zitronenscheiben garnieren und sofort servieren. Oder die Fischröllchen mit etwas Sud begießen.

3 PORTIONEN
Vorbereitungszeit: ca. 15 Minuten
Garzeit: ca. 8 Minuten

(ohne Kräutersoße)
230 kcal; 960 kJ; 31 g Eiweiß; 9 g Fett; 1 g Kohlenhydrate

KRÄUTERSOSSE

- 2 hartgekochte Eigelb (zerdrückt)
- abgeriebene Schale und Saft von 1 Zitrone
- 1 Teelöffel Dijon-Senf
- 1 Teelöffel brauner Zucker
- 4 Eβlöffel Gemüsebrühe
- 2 Eβlöffel Olivenöl
- 1 Becher Magermilchjoghurt (150 g)
- je 1 Eβlöffel Estragon, Basilikum und Petersilie (fein gehackt)
- Salz und Pfeffer

1 Eigelbe, Zitronenschale und -saft, Senf und Zucker zu einer Paste verrühren.
2 Nach und nach Gemüsebrühe, Olivenöl und Joghurt unterrühren.
3 Dann die Kräuter untermischen und die Soße mit Salz und Pfeffer würzen.

3 PORTIONEN
Vorbereitungszeit: ca. 10 Minuten

150 kcal; 624 kJ; 4 g Eiweiß; 13 g Fett; 3 g Kohlenhydrate

SEEZUNGENFILETS MIT MELONE UND MINZSOSSE

- 4 Seezungenfilets (halbiert)
- Salz
- Pfeffer
- 2 Eßlöffel gehackte Minze
- 300 ml trockener Weißwein
- 1 Honigmelone (halbiert und entkernt)
- 1 Becher Vollmilchjoghurt (150 g)
- frische Minzezweige, zum Garnieren

1 Seezungenfilets mit Salz und Pfeffer würzen und mit der Hälfte der Minze bestreuen. Fischfilets einzeln aufrollen und mit Zahnstochern befestigen. Fischröllchen in eine tiefe Pfanne legen und mit der restlichen Minze bestreuen. Weißwein zugießen. Die Pfanne schließen und die Fischröllchen bei schwacher Hitze in ca. 8 Minuten gar ziehen lassen.

2 Inzwischen aus den Melonenhälften kleine Kugeln ausstechen und beiseite stellen. Das restliche Fruchtfleisch in Stückchen aus der Schale schneiden.

3 Fischröllchen aus dem Sud heben, abtropfen lassen, auf einen Teller geben, die Zahnstocher entfernen. Warm stellen.

4 Die Flüssigkeit in der Pfanne mit den geschnittenen Melonenstückchen einkochen, dann pürieren.

5 Joghurt unterrühren und die Soße unter Rühren langsam erhitzen. Mit Salz und Pfeffer abschmecken. Melonenkugeln auf den Teller zum Fisch geben. Die Soße darüber verteilen. Mit Minzezweigen garnieren und servieren.

4 PORTIONEN

Vorbereitungszeit: ca. 20 Minuten
Garzeit: 10–12 Minuten

230 kcal; 985 kJ; 29 g Eiweiß; 3 g Fett; 12 g Kohlenhydrate

ZITRONEN-HÄHNCHEN

- 1 Eßlöffel Olivenöl
- 1 kleine Zwiebel (in dünne Ringe geschnitten)
- 4 Hähnchenbrustfilets (à ca. 150 g)
- 2 Eßlöffel gehackte Petersilie
- 300 ml Hühnerbrühe (siehe Seite 14)
- 1 Eßlöffel flüssiger Honig
- Salz und Pfeffer
- Saft und Schale von 1 Zitrone
- 2 Teelöffel Speisestärke

1 Öl in einer großen Pfanne erhitzen und die Zwiebel darin glasig dünsten. Das Fleisch hinzufügen und rundherum anbraten.

2 Petersilie, Hühnerbrühe und Honig hinzufügen. Mit Salz, Pfeffer und Zitronensaft würzen. Pfanne schließen und das Fleisch in ca. 20 Minuten bei schwacher Hitze garen.

3 Hähnchenbrust herausnehmen, auf einen vorgewärmten Servierteller geben und warm stellen.

4 Speisestärke mit etwas Wasser anrühren und die Soße damit binden. Zitronenschale in die fertige Soße rühren und diese gleichmäßig über dem Hähnchenfleisch verteilen.

4 PORTIONEN

Vorbereitungszeit: ca. 15 Minuten
Garzeit: ca. 30 Minuten

150 kcal; 630 kJ; 17 g Eiweiß; 5 g Fett; 9 g Kohlenhydrate

HÄHNCHENROLLEN MIT ORANGEN-NUSS-FÜLLUNG

- 4 Hähnchenbrustfilets (à ca. 150 g; halbiert)
- abgeriebene Schale von 1 unbehandelten Orange
- 4 Eßlöffel frische Vollkornbrotkrumen
- 1 kleine Zwiebel (fein gehackt)
- 2 Eßlöffel gehackte Rosmarinnadeln
- 1 Eßlöffel gehackte Walnußkerne
- Salz und Pfeffer
- 1 Eiweiß
- 150 ml Hühnerbrühe (siehe Seite 14)
- 150 ml frisch gepreßter Orangensaft

ZUM GARNIEREN:

- Rosmarinzweige
- Orangenfilets

1 Hähnchenfleisch zwischen Klarsichtfolie legen und mit dem Nudelholz leicht darüber rollen.
2 Orangenschale mit Brotkrumen, Zwiebel, Rosmarin und Walnußkernen vermischen. Mit Salz und Pfeffer würzen und mit dem Eiweiß binden. Mischung gleichmäßig auf die Hähnchenbrüste verteilen. Fest aufrollen und mit Küchengarn zusammenbinden. Hähnchenrollen in einen Schmortopf legen, Brühe und Orangensaft zugießen. Topf schließen, die Flüssigkeit aufkochen und das Fleisch in 25–30 Minuten garen.
3 Hähnchenrollen aus dem Topf nehmen und auf einem Servierteller warm stellen. Küchengarn entfernen. Die Soße einkochen lassen und dann über die Hähnchenrollen gießen. Mit Rosmarinzweigen sowie Orangenfilets garnieren und sofort servieren.

4 PORTIONEN
Vorbereitungszeit: ca. 20 Minuten
Garzeit 30–35 Minuten

230 kcal; 990 kJ; 36 g Eiweiß; 3 g Fett; 11 g Kohlenhydrate

VARIATION

HÄHNCHENROLLEN MIT ZITRONEN-NUSS-FÜLLUNG

Die Hähnchenbrustfilets wie links im Rezept beschrieben vorbereiten. Die abgeriebene Schale von 2 unbehandelten Zitronen mit 4 Eßlöffeln frischen Brotkrumen, 1 Zwiebel und 1 Eßlöffel gehackten Salbeiblättchen sowie 1 Eßlöffel grob gehackten Walnußkernen mischen. Die Füllung mit Salz und Pfeffer abschmecken und mit Eiweiß binden. Die Hähnchenrollen wie links beschrieben fertigstellen, jedoch statt Orangensaft, den Saft von 1 Zitrone nehmen. Mit Salbeiblättchen und Zitronenscheiben garnieren, sofort servieren.

4 PORTIONEN
Vorbereitungszeit: ca. 20 Minuten
Garzeit: 30–35 Minuten

230 kcal; 990 kJ; 36 g Eiweiß; 3 g Fett; 11 g Kohlenhydrate

COQ AU VIN

- 1 Hähnchen (ca. 1 kg, in 6 Teile zerlegt)
- 4 Eßlöffel Weinbrand
- 250 g Schalotten (gehäutet)
- 1 l Hühnerbrühe (siehe Seite 14)
- 250 g kleine Champignons
- gehackte Petersilie (nach Belieben), zum Garnieren

MARINADE:

- 1 Knoblauchzehe (durch die Presse gedrückt)
- 150 ml Rotweinessig
- 150 ml Rotwein
- 1 Eßlöffel Worcestershiresauce
- Salz und Pfeffer

1 Zutaten für die Marinade mischen. Hähnchenteile in eine große, flache Schüssel legen und die Marinade darübergießen. Zugedeckt mindestens 3 Stunden kalt stellen, das Fleisch ab und zu wenden.

2 Den Elektrogrill auf höchster Stufe vorheizen. Das Fleisch aus der Marinade nehmen und abtropfen lassen. Die Marinade aufbewahren.
3 Die Hähnchenteile auf allen Seiten kurz grillen. Dann in eine ofenfeste Form legen. Weinbrand über die Hähnchenteile gießen und flambieren. Wenn die Flammen erlöschen, Schalotten und Brühe dazugeben. Form zudecken und das Gericht im vorgeheizten Ofen bei 220 Grad ca. 50 Minuten schmoren.
4 Die Form aus dem Ofen nehmen, Champignons zugeben und alles weitere 10 Minuten im Ofen garen, bis das Fleisch gar ist.
5 In der Zwischenzeit die Marinade in einen Topf geben und bei starker Hitze zur Hälfte einkochen lassen. Die Soße über das Fleisch in der Form gießen. Alles mit Petersilie bestreuen und sofort servieren.

6 PORTIONEN

Vorbereitungszeit: ca. 10 Minuten, plus 3 Stunden Marinierzeit
Garzeit: ca. 1 Stunde
Ofentemperatur: 220 Grad, Gas Stufe 4–5, Umluft 200 Grad

410 kcal; 1720 kJ; 33 g Eiweiß; 22 g Fett; 8 g Kohlenhydrate

TANDOORICHICKEN

- 4 Hähnchenbrustfilets (à ca. 150 g)
- 1 Knoblauchzehe (durch die Presse gedrückt)
- 1 Eßlöffel Tandooripulver
- 300 g Magermilchjoghurt
- Salatblätter und Zwiebelringe, zum Garnieren

1 Die Hähnchenfilets oben mehrmals schräg einschneiden und mit Knoblauch einreiben. Dann in eine große, flache Schüssel legen. Tandooripulver mit Joghurt mischen und über das Fleisch verteilen. Zirka 3 Stunden marinieren.
2 Den Elektrogrill auf mittlerer Hitze vorheizen. Fleisch aus der Marinade nehmen, Marinade etwas abstreifen, Fleisch auf den Grillrost legen, ca. 20 Minuten grillen. Dabei mehrmals wenden und mit Marinade bestreichen.
3 Fleisch auf Salatblättern anrichten, mit Zwiebeln garnieren.

4 PORTIONEN
Vorbereitungszeit: ca. 10 Minuten, plus 3 Stunden Marinierzeit
Garzeit: ca. 20 Minuten

190 kcal; 800 kJ; 31 g Eiweiß; 5 g Fett; 6 g Kohlenhydrate

HÄHNCHEN-FAJITAS

Statt der grünen Paprika können Sie auch je eine halbe rote und gelbe (wie auf dem Titelbild) verwenden.

- 600 g Hähnchenbrustfilets (in dünne Streifen geschnitten)
- 2 Teelöffel Öl
- 1 große Zwiebel (in Streifen geschnitten)
- 1 große grüne Paprikaschote (geputzt und in dünne Streifen geschnitten)
- 8 Maistortillas

MARINADE:

- 1 Knoblauchzehe (fein gehackt)
- 1 Eßlöffel Öl
- 1 ½ Eßlöffel frischer Zitronen- oder Limettensaft
- 3 Eßlöffel Worcestershiresauce
- Pfeffer

1 Für die Marinade Knoblauch, Öl, Zitronensaft, Worcestershiresauce und etwas Pfeffer in einer Schüssel mischen. Die Fleischstreifen hineinlegen, gut mit Marinade bedecken und 10–20 Minuten kalt stellen. Dabei mindestens einmal wenden.

2 Öl in einer Pfanne bei mittlerer Hitze erhitzen. Zwiebel und Paprika unter ständigem Rühren ca. 5 Minuten darin dünsten. Das Gemüse herausnehmen und warm stellen.

3 Die Tortillas in Alufolie wickeln und im vorgeheizten Ofen bei 200 Grad 5–10 Minuten erwärmen.

4 Eine feuerfeste Form mit Alufolie auslegen. Hähnchenstreifen auf die Folie legen und ca. 4 Minuten grillen, dabei einmal wenden.

5 Die Hähnchenstreifen und das Gemüse auf den Tortillas verteilen. Tortilla über die Füllung schlagen und aus der Hand essen.

8 PORTIONEN

Vorbereitungszeit: ca. 15 Minuten, plus 10–20 Minuten Marinierzeit
Garzeit: ca. 15 Minuten
Ofentemperatur: 200 Grad, Gas Stufe 3–4, Umluft 180 Grad

250 kcal; 1040 kJ; 20 g Eiweiß; 5 g Fett; 25 g Kohlenhydrat

SPIESSCHEN MIT PUTENBRUST UND PARMASCHINKEN

- 500 g Putenbrust (in 4 cm großen Würfeln)
- abgeriebene Schale von 1 Zitrone
- 1 kleine Zwiebel (fein gehackt)
- 1 Knoblauchzehe (fein gehackt)
- 1 Teelöffel Pesto (italienische Basilikumpaste)
- 1 Eßlöffel Basilikum-Knoblauch-Öl (siehe rechts)
- Salz und Pfeffer
- 75 g Parmaschinken (in dünnen Scheiben)
- je 8 Champignons und Lorbeerblätter
- 1 Zitrone (in Achtel geschnitten)
- Salatblätter (in Streifen) zum Servieren

1 Fleisch in eine flache Schüssel geben. Zitronenschale, Zwiebel, Knoblauch, Pesto und Basilikum-Knoblauch-Öl mischen. Mit Salz und Pfeffer würzen. Marinade über die Fleischstücke gießen, Schüssel abdecken und das Fleisch in der Marinade 3–4 Stunden kalt stellen.
2 Putenfleisch aus der Marinade nehmen, abtropfen lassen, Marinade aufbewahren. Jedes Fleischstück in 1 Scheibe Schinken wickeln. Abwechselnd Fleischröllchen, Pilze, Lorbeerblätter und Zitronen auf Holzspieße stecken.
3 Die Spieße mit der aufgefangenen Marinade bestreichen. 4–5 Minuten grillen. Wenden, wieder mit Marinade bestreichen und weitere 4–5 Minuten grillen. Auf Salatstreifen anrichten.

4 PORTIONEN
Vorbereitungszeit: ca. 20 Minuten, plus 3–4 Stunden Marinierzeit
Garzeit: ca. 10 Minuten

187 kcal; 788 kJ; 33 g Eiweiß; 5 g Fett; 2 g Kohlenhydrate

BASILIKUM-KNOBLAUCH-ÖL

4 große Knoblauchzehen abziehen, mit der Rückseite eines Löffels darauf klopfen und mit 2 Eßlöffeln gehacktem Basilikum, 1 Teelöffel schwarzen Pfefferkörnern und 600 ml Olivenöl in eine Flasche füllen. Fest verschließen, gut schütteln, mindestens 1 Woche lagern.

ERGIBT 600 ML

SCHWEINEFILET MIT GRAPEFRUIT-SOSSE

- 600 g Schweinefilet (in 5 mm dicke Scheiben geschnitten)
- 3 Lauchzwiebeln (fein gehackt)
- abgeriebene Schale und Saft von ½ Grapefruit
- 1 Teelöffel brauner Zucker
- 2 Eßlöffel gehackte Petersilie
- Salz und Pfeffer, 1 Eßlöffel Olivenöl
- 150 g Apfelmus (ungesüßt)
- 150 ml Hühnerbrühe (siehe Seite 14)
- ausgelöste Filets von 2 Grapefruits

1 Schweinefilet, Lauchzwiebeln, Grapefruitschale und -saft, Zucker und Petersilie in eine flache Schüssel geben. Mit Salz und Pfeffer würzen. Alles mischen, damit das Fleisch gut durchtränkt werden kann. Abgedeckt 3–4 Stunden kalt stellen.

2 Fleisch abtropfen lassen, Marinade aufbewahren. Öl in einer Pfanne erhitzen und die Schweinemedaillons darin rundherum gut anbraten.

3 Das Apfelmus mit der Brühe und der aufgefangenen Marinade mischen und über das Fleisch geben. Die Pfanne schließen und das Fleisch darin bei schwacher Hitze in ca. 7 Minuten garen. Grapefruitfilets untermischen und kurz erhitzen. Sofort servieren.

6 PORTIONEN

Vorbereitungszeit: ca. 15 Minuten, plus 3–4 Stunden Marinierzeit
Garzeit: ca. 10 Minuten

200 kcal; 826 kJ; 20 g Eiweiß; 9 g Fett; 5 g Kohlenhydrate

FLEISCHTOPF

- 400 g mageres Schweinefleisch (in Würfeln)
- 1 Zwiebel (in Ringe geschnitten)
- 150 g Möhren (in Scheiben geschnitten)
- 500 g kleine, neue Kartoffeln
- 400 ml Fleischbrühe
- 2 Lorbeerblätter
- 100 g tiefgekühlte Erbsen
- 75 g grüne Bohnen (geputzt)
- 1-2 Eßlöffel Speisestärke
- Pfeffer

1 Sichtbares Fett vom Schweinefleisch entfernen. Fleisch, Zwiebel, Möhren, Kartoffeln, Brühe und Lorbeerblätter in einen Topf geben. Aufkochen und alles 30 Minuten zugedeckt bei schwacher Hitze köcheln lassen.
2 Erbsen und Bohnen hinzufügen. Die Speisestärke mit etwas Wasser anrühren und den Eintopf damit binden. Nochmals aufkochen, zudecken und weitere 5 Minuten köcheln lassen, ab und zu umrühren.
3 Vor dem Servieren die Lorbeerblätter herausfischen und den Eintopf mit etwas frisch gemahlenem Pfeffer abschmecken.

4 PORTIONEN
Vorbereitungszeit: ca. 10 Minuten
Garzeit: 35–40 Minuten

290 kcal; 1247 kJ; 27 g Eiweiß; 5 g Fett; 35 g Kohlenhydrate

SCHWEINEKOTELETTS MIT ÄPFELN

- 4 dünne Schweinekoteletts ohne Knochen (à ca. 100 g)
- 1 Zwiebel (in Ringe geschnitten)
- 200 ml Apfelsaft
- 2 Teelöffel gehackter Thymian
- 2 Äpfel
- 2 Eßlöffel Zitronensaft
- 1 Eßlöffel Speisestärke
- Pfeffer

1 Sichtbares Fett vom Fleisch entfernen. Koteletts, Zwiebel, Apfelsaft und Thymian in eine große, schwere Pfanne geben. Alles aufkochen und in der geschlossenen Pfanne bei schwacher Hitze ca. 10 Minuten köcheln lassen. Die Koteletts wenden und alles weitere 10 Minuten köcheln lassen, bis das Fleisch gar ist.

2 In der Zwischenzeit die Äpfel schälen und die Kerngehäuse ausstechen. Die Früchte in 5 mm dicke Ringe schneiden und mit Zitronensaft beträufeln, damit sie sich nicht braun verfärben.

3 Apfelringe zum Fleisch geben und weitere 5 Minuten mitkochen. Speisestärke mit etwas kaltem Wasser anrühren und die Soße damit binden. 1–2 Minuten köcheln lassen, bis die Äpfel weich sind. Darauf achten, daß die Äpfel nicht zu weich werden und zerfallen.

4 PORTIONEN

Vorbereitungszeit: ca. 15 Minuten

Garzeit: ca. 30 Minuten

220 kcal; 946 kJ; 23 g Eiweiß; 5 g Fett; 21 g Kohlenhydrate

RINDFLEISCH AUS DEM WOK

- 1 Eßlöffel Olivenöl
- 1 Zwiebel (in dünne Ringe geschnitten)
- 1 große Knoblauchzehe (in dünne Streifen geschnitten)
- 450 g Rinderfilet (in dünne Streifen geschnitten)
- je 1 rote und 1 grüne Paprikaschote (geputzt, in dünne Streifen geschnitten)
- 1 Eßlöffel Sojasoße
- 2 Eßlöffel trockener Sherry
- Salz und Pfeffer
- 1 Eßlöffel gehackte Rosmarinnadeln

1 Öl im Wok oder in einer tiefen Pfanne erhitzen, Zwiebel und Knoblauch hineingeben und ca. 2 Minuten unter Rühren braten.

2 Fleischstreifen hinzufügen und mitbraten, bis sie fast gar sind.

3 Dann die Paprikastreifen untermischen und alles weitere 2 Minuten braten.

4 Sojasoße und Sherry zugießen. Fleisch und Gemüse mit Salz, Pfeffer und Rosmarin abschmecken, nochmals 1–2 Minuten unter Rühren braten. Sofort mit Naturreis servieren.

6 PORTIONEN

Vorbereitungszeit: ca. 5 Minuten

Garzeit: 10–12 Minuten

130 kcal; 550 kJ; 16 g Eiweiß; 5 g Fett; 3 g Kohlenhydrate

LENDENSTEAKS MIT TOMATENSOSSE

- 4 dünne Lendensteaks (à ca. 80 g)
- 1 Eßlöffel Öl

TOMATENSOSSE:

- 750 g Tomaten (gehäutet und gehackt)
- 3 Knoblauchzehen (durch die Presse gedrückt)
- 1 Eßlöffel gehacktes Basilikum
- Salz und Pfeffer
- Basilikumzweige, zum Garnieren, nach Wunsch

1 Elektrogrill auf höchster Stufe vorheizen. Steaks mit dem Handballen vorsichtig flach drücken und mit Öl einpinseln. Auf den Rost legen und 8–10 Minuten, je nach Gargrad, grillen. Dabei einmal wenden.

2 In der Zwischenzeit die Soße zubereiten. Tomaten, Knoblauch, Basilikum, etwas Salz und Pfeffer in einen Topf geben. Bei schwacher Hitze ca. 10 Minuten köcheln lassen, bis die Soße andickt und die Tomaten weich sind.

3 Steaks auf vorgewärmte Servierteller legen und die Soße darüber verteilen. Nach Wunsch mit Basilikum garnieren und sofort servieren. Dazu frisches Baguette reichen.

4 PORTIONEN

Vorbereitungszeit: ca. 10 Minuten
Garzeit: ca. 15 Minuten

190 kcal; 800 kJ; 19 g Eiweiß; 8 g Fett; 5 g Kohlenhydrate

HÄHNCHEN MIT GRÜNEM PFEFFER

- 1 Hähnchen (ca. 1,2 kg)
- 200 ml frisch gepreßter Orangensaft
- 1 Knoblauchzehe (durch die Presse gedrückt)
- 1 Eßlöffel Schnittlauchröllchen
- Salz
- 2 Teelöffel eingelegte grüne Pfefferkörner
- 150 ml trockener Weißwein
- 8 Artischockenherzen (aus dem Glas)

Zum Garnieren:

- Orangenfilets

1 Hähnchen in 8 Teile zerlegen und in eine Schüssel geben. Orangensaft, Knoblauch, Schnittlauch und etwas Salz mischen und über die Geflügelteile gießen. Zugedeckt ca. 4 Stunden kalt stellen.

2 Fleisch und Marinade in eine große Pfanne geben. Pfefferkörner und Wein unterrühren und alles 15–20 Minuten bei schwacher Hitze köcheln lassen.

3 Nun die Artischockenherzen hinzufügen und alles ca. 6–8 Minuten köcheln lassen, bis das Fleisch gar ist.

4 Hähnchenteile und Artischocken aus der Pfanne nehmen, warm stellen.

5 Die Soße bei starker Hitze etwas einkochen lassen, über Hähnchen und Artischocken gießen. Mit Orangenfilets garnieren und mit knusprig getoasteten Weißbrotscheiben servieren.

8 PORTIONEN

Vorbereitungszeit: 20–25 Minuten, plus 4 Stunden Marinierzeit
Garzeit: ca. 30 Minuten

180 kcal; 750 kJ; 20 g Eiweiß; 5 g Fett; 10 g Kohlenhydrate

MOUSSAKA

- 3 kleine Auberginen (ca. 750 g)
- Salz
- 2 Teelöffel Sonnenblumenöl
- 1 große Zwiebel (gehackt)
- 1 Eßlöffel Speisestärke
- 300 g Magermilchjoghurt
- 400 g reife Tomaten (gehäutet, gehackt)
- ½ Teelöffel gemahlener Zimt
- Pfeffer
- 25 g geriebener Parmesankäse
- 1 Ei
- 1 Eiweiß

1 2 Auberginen in 1 cm dicke Scheiben schneiden. Salzen, beiseite stellen.

2 Übrige Aubergine mit einer Gabel rundherum einstechen und ca. 10 Minuten in Salzwasser garen.

3 Die gesalzenen Auberginenscheiben trockentupfen und mit Öl einpinseln. So lange grillen, bis sie leicht gebräunt sind. Dann auf Küchenpapier legen.

4 Zwiebel in wenig Wasser bei schwacher Hitze gar dünsten. Speisestärke unter den Joghurt mischen.

5 Gegarte Aubergine häuten, Fruchtfleisch zerdrücken. Mit Zwiebel, Tomatenstück-chen, 2 Eßlöffeln der Joghurtmischung und Zimt verrühren. Salzen, pfeffern.

6 Boden einer flachen Auflaufform mit Auberginenscheiben auslegen. Etwas Auberginenmus daraufgeben, mit Parmesan bestreuen. So oft wiederholen, bis die Zutaten verbraucht sind.

7 Ei und Eiweiß mit dem restlichen Joghurt verquirlen, auf die Auberginen in der Form verteilen. Mit etwas Zimt und Salz bestreuen. Im heißen Ofen bei 200 Grad ca. 20 Minuten backen.

6 PORTIONEN

Vorbereitungszeit: ca. 45 Minuten
Garzeit: ca. 1 Stunde
Ofentemperatur: 200 Grad,
Gas Stufe 3–4, Umluft 180 Grad

194 kcal; 820 kJ; 12 g Eiweiß; 5 g Fett;
23 g Kohlenhydrate

GEFÜLLTE PAPRIKASCHOTEN

- 300 ml Wasser
- ½ Teelöffel Salz
- 175 g Naturreis
- 4 Tomaten (gehäutet und gehackt)
- 1 Zwiebel (geraspelt)
- 25 g Korinthen
- 30 g Pinienkerne
- 75 g Gouda (30 % F.i.Tr., gerieben)
- 2 Eßlöffel gehackte Petersilie
- 1 Prise gemahlener Zimt
- Pfeffer
- 4 grüne oder rote Paprikaschoten (der Länge nach halbiert, geputzt)
- 5 Eßlöffel Hühnerbrühe (siehe Seite 14)

1 Wasser mit Salz aufkochen und Reis hineingeben. Zirka 30 Minuten kochen, bis der Reis gar und die Flüssigkeit verdampft ist.

2 Tomaten, Zwiebel, Korinthen und Pinienkerne unter den Reis mischen. Dann 50 g Käse und Petersilie unterheben, alles mit Zimt und etwas Pfeffer abschmecken.

3 Die Paprikahälften in eine ofenfeste Form legen.

4 Die Reismischung auf die Paprikahälften verteilen und mit dem restlichen Käse bestreuen. Brühe um die Paprikaschoten gießen und alles mit Alufolie abdecken. Im vorgeheizten Ofen bei 200 Grad 35–40 Minuten backen.

4 PORTIONEN

Vorbereitungszeit: ca. 35 Minuten
Garzeit: 35–40 Minuten
Ofentemperatur: 200 Grad,
Gas Stufe 3–4, Umluft 180 Grad

315 kcal; 1330 kJ; 12 g Eiweiß; 5 g Fett; 59 g Kohlenhydrate

GEMÜSEEINTOPF

- 4 Möhren (in Scheiben geschnitten)
- 4 Pastinaken (in Scheiben geschnitten)
- 2 große Zucchini (in Scheiben geschnitten)
- 2 Steckrüben (in Stücke geschnitten)
- 2 rote oder grüne Paprikaschoten (grob gewürfelt)
- 2 Zwiebeln (in Ringe geschnitten)
- 2 Fleischtomaten (gehäutet, entkernt und gehackt)
- 600 ml Hühnerbrühe (siehe Seite 14)
- 1 Lorbeerblatt
- 1 Eßlöffel gehackte Petersilie
- 1 Teelöffel gehackter Thymian
- 1 Teelöffel gehackter Majoran
- 1 Schuß Worcestershiresauce
- Salz und Pfeffer

1 Alle Zutaten in eine feuerfeste Form geben. Aufkochen, den dabei entstehenden Schaum abschöpfen und alles bei schwacher Hitze im geschlossenen Topf ca. 25 Minuten köcheln lassen. Den Eintopf sofort servieren. Dazu paßt Bauernbrot.

4 PORTIONEN

Vorbereitungszeit: ca. 20 Minuten
Garzeit: ca. 25 Minuten

166 kcal; 700 kJ; 6 g Eiweiß; 2 g Fett; 32 g Kohlenhydrate

GEMÜSE & SALATE

CAPONATA

600 g Auberginen (in ca. 1 cm große Würfel geschnitten)
Salz
2 Eßlöffel Olivenöl
1 weiße Zwiebel (in dünne Ringe geschnitten)
2 Stangen Staudensellerie (gewürfelt)
250 g Tomatenfruchtfleisch in Stücken
3 Eßlöffel Weißweinessig
1 gelbe Paprikaschote (geputzt, in dünne Streifen geschnitten)
1 rote Paprikaschote (geputzt, in dünne Streifen geschnitten)
25 g Sardellenfilets (in warmem Wasser eingeweicht, abgetropft und getrocknet)
2 Eßlöffel Kapern
50 g grüne Oliven
abgezupfte Petersilienblättchen, zum Servieren

1 Gewürfelte Auberginen in ein Sieb geben, mit Salz bestreuen und 15–20 Minuten ziehen lassen, damit die Bitterstoffe entzogen werden. Unter kaltem, fließenden Wasser das Salz abspülen und die Auberginen mit Küchenpapier trockentupfen.
2 Öl in einem Topf erhitzen und Zwiebel darin glasig dünsten. Sellerie zugeben und 2–3 Minuten mitdünsten. Dann Auberginen untermischen und ebenfalls ca. 3 Minuten mitdünsten, ab und zu umrühren. Tomatenfruchtfleisch zugeben, einkochen lassen. Essig zufügen und alles ca. 1 Minute kochen. Dann Paprika, Sardellen, Kapern und Oliven untermischen und nochmals ca. 3 Minuten köcheln lassen.
3 Gemüse in eine ofenfeste Form füllen und zugedeckt ca. 1 Stunde im vorgeheizten Ofen bei 180 Grad garen. Mit Petersilie garnieren und lauwarm oder kalt servieren.

6 PORTIONEN
Vorbereitungszeit: ca. 40 Minuten
Garzeit: ca. 1 Stunde
Ofentemperatur: 180 Grad, Gas 2–3, Umluft 160 Grad

74 kcal; 313 kJ; 3 g Eiweiß; 4 g Fett; 7 g Kohlenhydrate

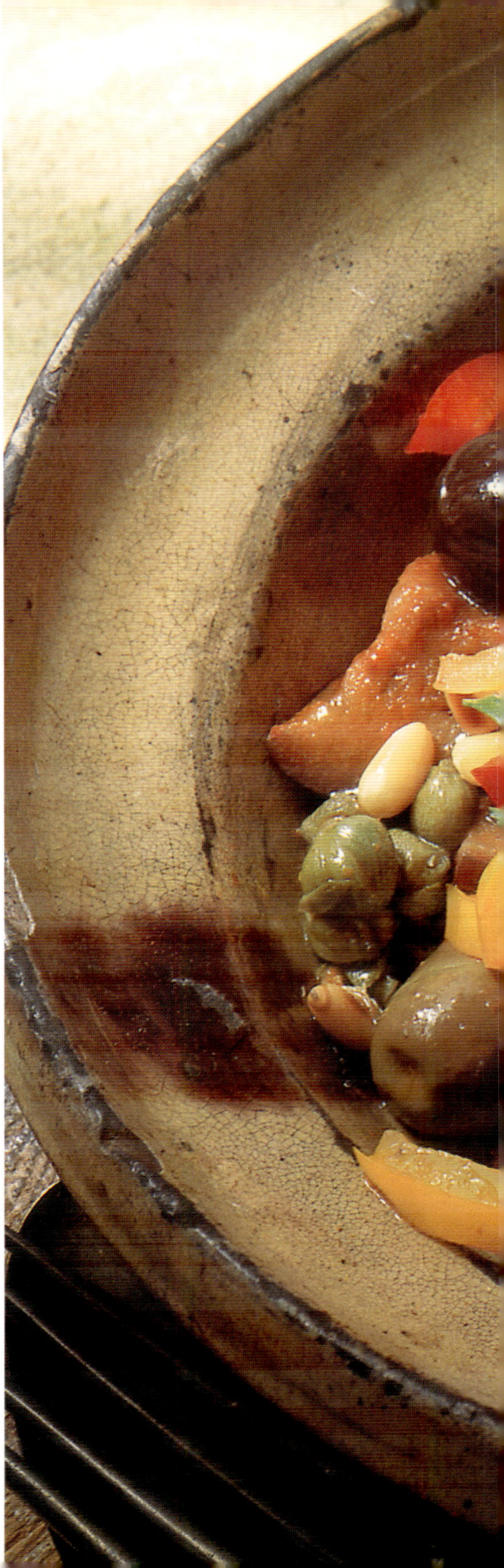

GEBRATENES GEMÜSE

- 1 Eßlöffel Öl
- 150 g frische Bambussprossen (in dünne Streifen geschnitten)
- 50 g Zuckererbsen
- 150 g Möhren (in dünne Scheiben geschnitten)
- 100 g Brokkoliröschen
- 100 g frische Sojasprossen (gewaschen)
- Salz und Zucker
- 1 Eßlöffel Gemüsebrühe
- Sojasoße nach Wunsch

1 Einen Wok oder eine tiefe Pfanne erhitzen, Öl hineingeben. Bambussprossen, Zuckererbsen, Möhren und Brokkoliröschen darin ca. 1 Minute unter Rühren anbraten.

2 Sojasprossen dazugeben, mit 1 Prise Salz und etwas Zucker würzen. Zirka 3 weitere Minuten mitbraten, dabei die Brühe zugeben. Das Gemüse soll noch bißfest sein.

3 Nach Wunsch mit etwas Sojasoße abschmecken. Zu kurzgebratenem Fleisch oder Geflügel servieren.

4 PORTIONEN

Vorbereitungszeit: 15–20 Minuten
Garzeit: ca. 5 Minuten

80 kcal; 335 kJ; 4 g Eiweiß; 4 g Fett; 6 g Kohlenhydrate

SELLERIE-MÖHREN-SALAT

- 250 g Möhren (geputzt)
- 250 g Sellerieknolle (geputzt)
- 2 Eßlöffel Zitronensaft
- Salz

DRESSING:

- 4 Eßlöffel fettarme Mayonnaise
- 150 g Magermilchjoghurt
- 1 Knoblauchzehe (durch die Presse gedrückt)
- 1 Eßlöffel gehackte Petersilie
- 1 Eßlöffel Schnittlauchröllchen
- ½ Teelöffel Senfpulver (ersatzweise 1 Teelöffel milder Senf)
- 1 Prise Cayennepfeffer

ZUM GARNIEREN:

- Möhrenstreifen (blanchiert)
- 1 Apfel (geschält, in Stückchen geschnitten)
- 1 hartgekochtes Ei (gehackt)
- Schnittlauchstreifen

1 Möhren und Sellerie in streichholzdicke Streifen schneiden, sofort in eine Schüssel mit Wasser und 1 Eßlöffel Zitronensaft geben.

2 Dann in einem Topf reichlich Wasser mit Salz zum Kochen bringen, Sellerie und Möhren darin ca. 3 Minuten garen. Auf Küchenpapier gut abtropfen und auskühlen lassen.

3 Für das Dressing alle Zutaten in einer Schüssel mischen und abschmecken.

4 Sellerie- und Möhrenstreifen unter das Dressing mischen und auf Möhrenbändern und Apfelstückchen anrichten. Mit Ei und Schnittlauch garnieren.

4 PORTIONEN ALS BEILAGENSALAT

Vorbereitungszeit: ca. 20 Minuten
Garzeit: ca. 3 Minuten

94 kcal; 390 kJ; 4 g Eiweiß; 4 g Fett; 11 g Kohlenhydrate

KARTOFFEL-GRATIN

- 2 Teelöffel Öl
- ½ Becher saure Sahne (75 g)
- 350 ml fettarme Milch
- Salz und Pfeffer
- Muskat
- 750 g Kartoffeln (in dünne Scheiben geschnitten)
- 1 kleine Zwiebel (gewürfelt)
- Paprikapulver, nach Wunsch
- Thymianzweige, zum Servieren

1 Eine rechteckige, feuerfeste Form (ca. 20 x 12 cm) mit Öl fetten.
2 Saure Sahne, Milch, Salz, Pfeffer und Muskat in einer Schüssel kräftig verschlagen.
3 Auf den Boden der Form eine Schicht Kartoffelscheiben legen. Einen Teil der Sahnemischung darüber gießen. Die Hälfte der Zwiebel darüber verteilen. Diesen Vorgang einmal wiederholen.
4 Die restlichen Kartoffeln auf den Zwiebeln verteilen und die übrige Sahnemischung darüber gießen. Mit Alufolie abdecken und im vorgeheizten Ofen bei 180 Grad ca. 40 Minuten backen. Folie entfernen und das Gratin weitere 20 Minuten backen.
5 Mit Paprikapulver und Thymianzweigen bestreuen, ca 5 Minuten ruhen lassen und servieren.

6 PORTIONEN
Vorbereitungszeit: ca. 20 Minuten
Garzeit: ca. 1 Stunde
Ofentemperatur: 180 Grad, Gas Stufe 2–3, Umluft 160 Grad

185 kcal; 777 kJ; 5 g Eiweiß; 5 g Fett; 30 g Kohlenhydrate

HONIGMÖHREN

Möhren, so köstlich zubereitet, werden garantiert zum Lieblingsgemüse der ganzen Familie!

- 750 g Bundmöhren (geputzt)
- 1 Eßlöffel Butter
- ½ Eßlöffel brauner Zucker
- 2 Eßlöffel Honig
- 2–3 Eßlöffel fein gehackte Petersilie

1 Möhren in einem Topf mit wenig Wasser aufkochen. Zugedeckt bei schwacher Hitze ca. 10 Minuten köcheln lassen. Abtropfen lassen.
2 Die Butter bei mittlerer Hitze in einer Pfanne erhitzen. Zucker, Honig und Möhren zugeben und unter ständigem Rühren bei schwacher Hitze 1–2 Minuten glasieren. Mit Petersilie bestreuen und servieren.

6 PORTIONEN
Vorbereitungszeit: ca. 10 Minuten
Garzeit: ca. 12 Minuten

87 kcal; 365 kJ; 1 g Eiweiß; 3 g Fett; 16 g Kohlenhydrate

GEFÜLLTE ARTISCHOCKEN

- 4 Artischocken (à ca. 270 g, Stiele und Blattspitzen abgeschnitten)
- 1 Eßlöffel Zitronensaft
- Salz
- 1 Rezept gedünstetes Gemüse mit Ingwer (siehe rechts)

SOSSE:

- 150 g Tofu (abgetropft)
- 4 Eßlöffel passierte Tomaten (Fertigprodukt)
- 4 Eßlöffel Sahnemeerrettich
- 2 Teelöffel Zitronensaft
- 2 Teelöffel Weißweinessig
- ½ Teelöffel Zitronen-Kräuter-Gewürzmischung (siehe Seite 9)
- Salz
- ½ Teelöffel Zucker
- ein paar Tropfen Tabascosoße
- weißer Pfeffer, nach Wunsch

1 Artischocken und Zitronensaft in einen Topf mit kochendem gesalzenem Wasser geben. Zugedeckt in ca. 35 Minuten garen. Die Artischockenblätter lassen sich dann leicht herauszupfen. Artischocken aus dem Topf nehmen, mit dem Kopf nach unten in einem Sieb abtropfen und abkühlen lassen.
2 Artischockenherzen aus den Blüten schneiden und die Artischocken mit gekühltem gedünsteten Gemüse mit Ingwer füllen. Die Artischockenherzen nach Belieben separat dazu reichen oder für einen Salat verwenden.
3 Für die Soße alle Zutaten mischen und pürieren. Über die Artischocken verteilen und servieren.

4 PORTIONEN
Vorbereitungszeit: ca. 20 Minuten
Garzeit: ca. 35 Minuten

133 kcal; 558 kJ; 9 g Eiweiß; 3 g Fett; 17 g Kohlenhydrate

GEDÜNSTETES GEMÜSE MIT INGWER

- 3 Möhren (in ½ cm dicke Scheiben geschnitten)
- 100 g Blumenkohlröschen
- 100 g Brokkoliröschen
- 200 g Zucchini (in 1 cm dicke Scheiben geschnitten)
- 3 cm frischer Ingwer (fein gehackt)

Das Gemüse mit dem Ingwer in einen Dämpfeinsatz geben und über wenig Wasser ca. 7 Minuten dämpfen, bis es gar ist, aber noch Biß hat.

8 PORTIONEN
Vorbereitungszeit: ca. 10 Minuten
Garzeit: ca. 7 Minuten

REISSALAT MIT ENTENBRUST UND MANGO

- 500 g Entenbrust
- 1 Bund Lauchzwiebeln (in 2 ½ cm lange Stücke geschnitten)
- 1 Stange Staudensellerie (gehackt)
- 1 Teelöffel abgeriebene Orangenschale
- 500 g gegarter Naturreis (entspricht ca. 150 g Rohware)
- Salz
- Pfeffer
- 3 Mangos (geschält und in Spalten vom Kern geschnitten)

SOSSE:

- 1 Eiweiß
- 1 Ei
- 1 Teelöffel Dijon-Senf
- 1 Eßlöffel Mango-Chutney
- ½ Eßlöffel Sojasoße
- 1 Eßlöffel Obstessig
- 250 g Magermilchjoghurt

1 Entenbrüste mit der Haut nach unten in eine heiße Pfanne legen und auf jeder Seite je nach Dicke ca. 10 Minuten braten.
2 Abkühlen lassen. Haut entfernen und das Fleisch würfeln. Mit Zwiebeln, Sellerie, Orangenschale und Reis in eine große Schüssel geben. Mischen und mit Salz und Pfeffer abschmecken.
3 Dann die Soße zubereiten. Dafür Eiweiß, Ei, Senf, Mango-Chutney, Sojasoße und Essig verschlagen, dann löffelweise den Joghurt unterrühren.
4 Den Salat mit den Mangospalten garnieren. Die Soße seperat dazu reichen.

6 PORTIONEN

Vorbereitungszeit: ca. 25 Minuten
Garzeit: ca. 20 Minuten

386 kcal; 1640 kJ; 16 g Eiweiß; 5 g Fett; 72 g Kohlenhydrate

GEFLÜGELSALAT MIT FRÜCHTEN

- 1 Kopfsalat (Blätter in mundgerechte Stücke gezupft)
- 2 Stangen Staudensellerie (gehackt)
- 1 rote Paprikaschote (geputzt und in Streifen geschnitten)
- 25 g Walnußkernhälften
- 75 g weiße kernlose Weintrauben
- 2 Birnen (geschält und in schmale Scheiben geschnitten)
- 250 g Hähnchenbrustfilet (in Streifen oder Würfel geschnitten)

JOGHURT-GURKEN-DRESSING:

- 2 Eßlöffel Magermilchjoghurt
- 2 Eßlöffel fettarme Mayonnaise
- 2 Eßlöffel geraspelte Salatgurke
- 1 Teelöffel geraspelte Zwiebel
- ½ Teelöffel gehackter Estragon
- Salz und Pfeffer

AUSSERDEM:

- Estragonzweige

1 Kopfsalat, Sellerie, Paprika, Nüsse, Weintrauben, 1 Birne und Hähnchenfleisch in einer Salatschüssel mischen.
2 Joghurt, Mayonnaise, Gurke, Zwiebel und Estragon gut verrühren. Mit Salz und Pfeffer abschmecken.
3 Kurz vor dem Servieren das Dressing unter den Salat mischen.
4 Mit der restlichen Birne und frischen Estragonzweigen garnieren.

8 PORTIONEN
Vorbereitungszeit: ca. 25 Minuten

116 kcal; 485 kJ; 11 g Eiweiß; 5 g Fett; 6 g Kohlenhydrate

VARIATION

ZUCCHINI-DRESSING

2 Eßlöffel saure Sahne, 2 Eßlöffel fettarme Mayonnaise, 1 Eßlöffel geraspelte Zucchini (ersatzweise Salatgurke) und 2 Teelöffel geraspelte Zwiebel in einer Schüssel verrühren. Kräftig mit Salz und Pfeffer abschmecken.

8 PORTIONEN
Vorbereitungszeit: ca. 7 Minuten

75 kcal; 314 kJ; 3 g Eiweiß; 5 g Fett; 5 g Kohlenhydrate

BUNTER PILZSALAT

- 200 g Champignons (in Scheiben geschnitten)
- 300 g junge Zucchini (in dünne Scheiben geschnitten)
- 4 Tomaten (in Viertel geschnitten)
- 1 Teelöffel gehacktes Basilikum
- 1 Bund Brunnenkresse
- 1 Rezept Zitrus-Dressing (siehe unten)

1 Pilze, Zucchini und Tomaten in einer großen Salatschüssel mischen und mit Basilikum bestreuen.
2 Die Kresse über dem Salat verteilen. Kurz vorm Servieren das Zitrus-Dressing unter den Salat heben.

4 PORTIONEN
Vorbereitungszeit: ca. 10 Minuten

25 kcal; 107 kJ; 2 g Eiweiß; 0 g Fett; 4 g Kohlenhydrate

ZITRUS-DRESSING

- 100 ml frisch gepreßter Orangensaft
- 2 Eßlöffel frisch gepreßter Limettensaft
- 1 Eßlöffel frisch gepreßter Zitronensaft
- 1 Teelöffel Apfelweinessig
- ½ Teelöffel Zucker
- Pfeffer

Alle Zutaten in ein Glas mit Schraubverschluß füllen und gut schütteln.

ENGLISCHER KRAUTSALAT

- 500 g Weißkohl (in dünnen Streifen)
- 150 g Möhren (geraspelt)
- 1 Zwiebel (in Ringe geschnitten)
- Zitronen-Joghurt-Dressing (siehe Seite 9)
- 1 Eßlöffel fein gehackte Petersilie

1 Kohl, Möhren und Zwiebel in einer großen Schüssel mischen.
2 Dressing darübergeben, mischen. Mit Petersilie garnieren, kalt stellen.

4 PORTIONEN
Vorbereitungszeit: ca. 10 Minuten

73 kcal; 306 kJ; 5 g Eiweiß; 1 g Fett; 13 g Kohlenhydrate

DESSERTS & EIS

APFELTARTE

Bei diesem französischen Kuchen brauchen Sie die Form nicht zu fetten, weil der Teig bereits Fett enthält.

500-700 [illegible]

- 150 g Weizenmehl (Type 405)
- 50 g Butter
- 100 g Zucker
- 1 Ei
- 1 Eiweiß
- 1 Päckchen Vanillinzucker
- Püree von 1 kg gekochten Äpfeln
- 2 rotschalige Äpfel (in dünne Scheiben geschnitten)
- 4 Eßlöffel Aprikosenkonfitüre
- Saft von ½ Zitrone

1 Für den Teig Mehl auf eine Arbeitsfläche sieben. In die Mitte eine Mulde drücken. Butter, 50 g Zucker, Ei, Eiweiß und Vanillinzucker hineingeben. Mit den Händen die Zutaten in der Mulde vermengen, dann das Mehl einarbeiten. So lange leicht kneten, bis ein geschmeidiger Teig entsteht. In Folie gewickelt ca. 1 Stunde kalt stellen.
2 Teig auf einer bemehlten Arbeitsfläche in Größe der Tarteform (ca. 26 cm ø) sehr dünn ausrollen. In die Form legen, dabei einen Rand bilden. Großzügig Apfelpüree auf dem Boden verteilen, dann die Apfelscheiben darauf schichten. Mit dem restlichen Zucker bestreuen. Im vorgeheizten Ofen bei 190 Grad 35–40 Minuten backen.
3 In der Zwischenzeit Konfitüre und Zitronensaft erhitzen und durch ein Sieb streichen. Dünn auf der heißen Tarte verteilen. Heiß oder kalt servieren.

10 PORTIONEN
Vorbereitungszeit: ca. 15 Minuten, plus 1 Stunde Kühlzeit
Backzeit: 35–40 Minuten
Ofentemperatur: 190 Grad, Gas Stufe 3, Umluft 170 Grad

211 kcal; 889 kJ; 3 g Eiweiß; 5 g Fett; 41 g Kohlenhydrate

BAISER-TORTE MIT KIWIS

- 3 Eiweiß
- 75 g Zucker
- 1 Teelöffel Backpulver
- 1 Teelöffel Speisestärke
- 4 Kiwis (geschält, in Scheiben geschnitten)
- Öl zum Bestreichen

1 Backblech mit Backpapier oder Alufolie auslegen und leicht mit Öl bestreichen.

2 Eiweiße halb steif schlagen. Dabei den Zucker nach und nach einrieseln lassen. Zum Schluß Backpulver und Speisestärke mischen, darüber sieben und unterheben.

3 Baisermasse auf die Mitte des Backblechs geben und mit Hilfe eines Messers einen ca. 18 cm großen Kreis daraus formen. Der Rand soll etwas höher sein.

4 Das Baiser im vorgeheizten Ofen bei 100 Grad ca. 1 1/2 Stunden backen, bis es fest ist. Aus dem Ofen nehmen, abkühlen lassen. Vorsichtig das Backpapier oder die Folie entfernen.

5 Baiser auf eine Tortenplatte geben und mit Kiwischeiben garnieren. Noch am selben Tag servieren.

4 PORTIONEN

Vorbereitungszeit: ca. 10 Minuten
Backzeit: 1 1/2 Stunden
Ofentemperatur: 100 Grad,
Gas Stufe 1/2, Umluft 80 Grad

120 kcal; 506 kJ; 3 g Eiweiß; 0 g Fett;
28 g Kohlenhydrate

QUARKHERZEN MIT SCHUSS

- 250 g Magerquark (ca. 30 Minuten abgetropft)
- 1 Becher Vollmilchjoghurt (150 g)
- 50 g Zucker
- 6 Blatt weiße Gelatine (eingeweicht und ausgedrückt)
- 2 Eiweiß
- 1 Eßlöffel Weinbrand

AUSSERDEM:

- kleine Weinblätter
- kleine blaue, kernlose Weintrauben

1 Quark und Joghurt mit Zucker verrühren. Gelatine in wenig kochendheißem Wasser auflösen, sofort unter die Quark-Joghurt-Mischung rühren. Kühl stellen.
2 Inzwischen Eiweiße steif, aber nicht schnittfest schlagen. Mit dem Weinbrand unter die Quarkmischung heben.
3 Die Quarkmasse in 4 Herz- oder kleine Souffléförmchen füllen und 1–2 Stunden kühl stellen.
4 Vor dem Servieren die Förmchen kurz in heißes Wasser tauchen und die Törtchen auf Dessertteller stürzen.
5 Mit Weinblättern und Weintrauben garnieren.

4 PORTIONEN
Vorbereitungszeit: ca. 20 Minuten, plus 2 Stunden Kühlzeit

124 kcal; 520 kJ; 10 g Eiweiß; 2 g Fett; 16 g Kohlenhydrate

KÄSEKUCHEN MIT ORANGEN

- 40 g Margarine
- 8 Vollkorn-Butterkekse (zerstoßen)
- 125 g fettarmer Hüttenkäse
- 4 Eßlöffel fettarme Milch
- 375 g Magerquark
- 3 Eßlöffel frisch gepreßter Orangensaft
- abgeriebene Schale von 2 Orangen
- Zucker, nach Belieben
- 2 Eier (getrennt)
- 6 Blatt weiße Gelatine
- 4 große Orangen

1 Eine kleine Springform (ca. 18 cm ø) mit etwas Margarine fetten. Die restliche Margarine mit den Kekskrümeln vermischen. Gleichmäßig auf dem Boden der Form verteilen und mit einem Holzlöffel fest andrücken.
2 In der Zwischenzeit den Hüttenkäse mit der Milch pürieren. Quark, die Hüttenkäsemasse, Orangensaft, 2/3 der Orangenschale und Zucker nach Wunsch verrühren. Eigelbe nach und nach unter die Mischung schlagen.
3 Gelatine in kaltem Wasser ein paar Minuten einweichen. Ausdrücken, nach Packungsanleitung auflösen und unter die Käsemasse rühren. So lange kalt stellen, bis die Masse zu gelieren beginnt. Dann die Eiweiße steif schlagen und mit einem großen Löffel unter die Käsemasse heben.
4 Die Käsemasse auf den Krümelteig füllen. Die Oberfläche glatt streichen und ca. 5 Stunden kalt stellen, bis der Kuchen schnittfest ist.
5 Orangen so dick schälen, daß die weiße Haut mit entfernt wird. Die Früchte quer in dünne Scheiben schneiden. Den Kuchen obenauf mit den Orangenscheiben belegen. Etwas von der Schale in feine Streifen schneiden und auf dem Kuchen verteilen.

12 STÜCKE
Vorbereitungszeit: ca. 15 Minuten, plus 5 Stunden Kühlzeit

128 kcal; 536 kJ; 10 g Eiweiß; 5 g Fett; 11 g Kohlenhydrate

VARIATION
KÄSEKUCHEN MIT ERDBEEREN

Für diese Variation die abgeriebene Schale von 2 Zitronen und 3 Eßlöffel Zitronensaft statt Orangenschale und -saft verwenden. Den Kuchen mit 150 g Erdbeeren (entkelcht und in Scheiben geschnitten) belegen. Für den Belag können alternativ auch 3 Scheiben Ananas (in Stückchen geschnitten) oder 75 g Weintrauben (halbiert und entkernt) verwendet werden.

SCHOKOLADEN-SOUFFLÉ

Beim Trennen der Eier aufpassen, daß kein Eigelb ins Eiweiß gelangt.

- Öl für die Tassen
- 75 ml frisch gepreßter Orangensaft
- 75 g Zucker
- 4 Eiweiß
- 25 g Kakaopulver
- 2 Eßlöffel Orangenlikör
- 6 Kugeln Vanille-Eiskrem

1 6 Porzellantassen oder kleine Soufflé-förmchen mit Öl fetten.
2 Orangensaft und Zucker in einem kleinen Topf 3–4 Minuten bei schwacher Hitze erhitzen. Ab und zu umrühren, bis die Mischung sirupartig wird. Topf von der Kochstelle nehmen.
3 In einer großen Schüssel Eiweiße steif, aber nicht schnittfest schlagen. Den Orangensirup über den Eischnee gießen und ca. 2 Minuten verschlagen. Kakao und Likör zugeben und gut vermischen. In die vorbereiteten Tassen oder Förmchen füllen. Im vorgeheizten Ofen bei 150 Grad ca. 2 Minuten backen, bis die Soufflés aufgehen. Nicht zu lange backen, sonst werden sie zu fest.
4 Auf jedes Soufflé 1 Kugel Vanilleeis geben und sofort servieren.

6 PORTIONEN
Vorbereitungszeit: ca. 10 Minuten
Garzeit: ca. 2 Minuten
Ofentemperatur: 150 Grad, Gas Stufe 1, Umluft 130 Grad

150 kcal; 640 kJ; 2 g Eiweiß; 1 g Fett; 30 g Kohlenhydrate

ENGLISCHER PUDDING MIT BEEREN

Dieser Pudding ist besonders unkompliziert, denn er muß nicht im heißen Wasserbad garen. Durch die Zugabe von Gelatine läßt sich der Pudding leicht stürzen.

- 750 g Beeren (zum Beispiel Johannisbeeren, Himbeeren, Heidelbeeren, Brombeeren, Erdbeeren, Kirschen), gewaschen und geputzt
- 1 Eßlöffel flüssiger Honig
- 4 Blatt rote Gelatine (eingeweicht und ausgedrückt)
- 8 Scheiben Weizenvollkornbrot (1 cm dick, ohne Rinde)
- Margarine für die Form

1 Beeren und Honig in einen großen Topf (kein Aluminium oder Gußeisen) geben und bei schwacher Hitze 2–3 Minuten erhitzen, bis sie weich werden und Saft austritt.
2 Die Gelatine zu den heißen Früchten geben und unter vorsichtigem Rühren in der Beerenmischung auflösen.
3 Eine leicht gefettete Puddingform (ca. 1,2 l) mit 3/4 des Brots auslegen. Dabei die Scheiben so zurechtschneiden, daß sie genau in die Form passen. Die Form sollte vollständig und der Boden besonders dick ausgelegt sein.
4 Die Beeren in die Form füllen. Mit dem restlichen Brot abdecken. Einen Teller auf den Pudding stellen und mit einem Gewicht (ca. 1 kg) beschweren. 10–12 Stunden kalt stellen.
5 Den Beerenpudding stürzen und vor dem Servieren in beliebig große Stücke schneiden.

4 PORTIONEN
Vorbereitungszeit: ca. 30 Minuten, plus 10–12 Stunden Kühlzeit
Garzeit: ca. 3 Minuten

150 kcal; 620 kJ; 5 g Eiweiß; 1 g Fett; 30 g Kohlenhydrate

ERDBEEREN MIT JOHANNISBEER-SOSSE

- 250 g schwarze Johannisbeeren (geputzt)
- 2 Eßlöffel flüssiger Honig
- 3 Eßlöffel Rotwein
- 400 g Erdbeeren (entkelcht, halbiert)
- rote Johannisbeerrispen, zum Dekorieren

1 Schwarze Johannisbeeren, Honig und Rotwein in einen Topf geben. Unter Rühren erhitzen und ca. 5 Minuten bei schwacher Hitze köcheln lassen, bis Fruchtsaft austritt.
2 Die Johannisbeeren und den Fruchtsaft zu einer dickflüssigen Soße pürieren, es sollen noch Fruchtstückchen enthalten sein. Abkühlen lassen.
3 Die halbierten Erdbeeren auf Desserttellern mit der Johannisbeersoße zusammen anrichten.
4 Mit den Johannsibeerrispen garnieren und servieren.

4 PORTIONEN
Vorbereitungszeit: ca. 25 Minuten
Garzeit: ca. 5 Minuten

85 kcal; 370 kJ, 1 g Eiweiß; 0 g Fett; 20 g Kohlenhydrate

GEFÜLLTE FEIGEN

- 12 frische, reife Feigen
- 3 Eßlöffel gemahlene Mandeln
- 150 g Himbeeren
- 1 Eßlöffel flüssiger Honig
- 4 Weinblätter, zum Servieren

1 Stielansätze von den Feigen entfernen. Früchte von oben nach unten in Viertel teilen. Dabei die Schale unten nicht ganz durchschneiden, damit die Früchte zusammenhalten. Aufklappen.
2 Mandeln, Himbeeren und Honig in einer Schüssel mischen.
3 Je 1 Weinblatt auf 4 Teller legen. Je 3 Feigen darauf anrichten und mit dem Mandel-Himbeer-Püree füllen.

4 PORTIONEN
Vorbereitungszeit: ca. 15 Minuten

4 kcal; 135 kJ; 4 g Eiweiß; 5 g Fett; 20 g Kohlenhydrate

GEWÜRZBIRNEN

- 4 große, feste Birnen
- 1/2 Zitrone
- 16 Gewürznelken
- 1/2 Zimtstange
- 300 ml Rotwein
- 2 Eßlöffel rotes Johannisbeergelee
- 4 Orangenscheiben
- 4 kleine Lorbeerblätter, zum Dekorieren

1 Birnen schälen, ohne die Stiele dabei zu beschädigen. Die Früchte rundherum mit der Zitronenhälfte einreiben, damit sie schön weiß bleiben.

2 Jeweils 4 Nelken in jede Birne stecken. Die Früchte mit den Stielen nach oben in einen Topf stellen. Zimtstange und Wein zufügen, dann mit Wasser aufgießen, bis die Birnen von der Flüssigkeit bedeckt sind.

3 Aufkochen und bei schwacher Hitze ca. 15 Minuten köcheln lassen, bis die Birnen gar sind. In der Garflüssigkeit abkühlen lassen.

4 2 Eßlöffel von der Garflüssigkeit abnehmen und mit dem Johannisbeergelee in einem kleinen Topf verrühren. Erhitzen und ca. 1 Minute köcheln lassen, bis sich das Gelee aufgelöst hat.

5 Je 1 Orangenscheibe auf 4 kleine Teller legen. Die Birnen abtropfen lassen und auf die Orangenscheiben setzen.

6 Etwas von der Johannisbeersoße über jede Birne löffeln und mit 1 Lorbeerblatt dekorieren.

4 PORTIONEN

Vorbereitungszeit: ca. 20 Minuten
Garzeit: ca. 16 Minuten

86 kcal; 360 kJ; 1 g Eiweiß; 0 g Fett; 22 g Kohlenhydrate

PFIRSICH-GRANITA

- 400 g frische, reife Pfirsiche
- 150 ml trockener Weißwein
- 150 ml frisch gepreßter Orangensaft
- 2 Eiweiß

1 Pfirsiche am Stielansatz kreuzweise einschneiden. Kurz in einen Topf mit kochendem Wasser legen, herausnehmen und die Haut abziehen. Früchte halbieren, Kerne entfernen und das Fruchtfeisch grob hacken.
2 Fruchtfleisch, Wein und Orangensaft in einen Topf geben. Zirka 5 Minuten bei schwacher Hitze köcheln lassen.
3 Früchte in der Flüssigkeit fein pürieren. Abkühlen lassen.
4 Püree in eine flache Gefrierdose füllen und so lange ins Gefrierfach stellen, bis das Püree an den Seiten anfriert. Dann alles in eine Schüssel stürzen und kräftig verschlagen.
5 Eiweiße steif, aber nicht schnittfest schlagen. Vorsichtig, aber gründlich unter das Halbgefrorene rühren und wieder in die Gefrierdose füllen. So lange in den Gefrierschrank stellen, bis die Masse gefroren ist.

4 PORTIONEN
Vorbereitungszeit: 20–25 Minuten, plus Gefrierzeit
Garzeit: ca. 5 Minuten

70 kcal; 290 kJ; 2 g Eiweiß; 1 g Fett; 9 g Kohlenhydrate

JOGHURTBECHER MIT FRÜCHTEN

Ein einfacher und beliebter Dessert-Klassiker bekommt durch Mandeln und Zimt einen neuen Pfiff.

- 500 g Pfirsiche oder Birnen (aus der Dose, in Spalten und abgetropft)
- 500 g Vanillejoghurt
- 2 Eßlöffel Mandeln (fein gehackt und geröstet)
- ½ Teelöffel gemahlener Zimt

Früchte in 6 hohe Dessertschälchen verteilen. Joghurt darübergeben und mit wenig Mandeln und Zimt bestreuen. Sofort servieren.

6 PORTIONEN
Vorbereitungszeit: ca. 10 Minuten

150 kcal; 630 kJ; 4 g Eiweiß; 5 g Fett; 20 g Kohlenhydrate

MELONENEIS

- 1 Honigmelone (Ogen oder Charentais)
- 2 Becher Vollmilchjoghurt (à 150 g)

1 Melone halbieren, zuerst die Kerne herauslöffeln, dann das Fruchtfleisch herauslösen und pürieren.
2 Melonenpüree und Joghurt in einer Schüssel mischen.
3 Dann die Masse in eine flache Gefrierdose füllen und so lange in den Gefrierschrank stellen, bis sie gefroren ist.
4 Meloneneis in Kugeln servieren.

4 PORTIONEN
Vorbereitungszeit: 20–25 Minuten, plus Gefrierzeit

80 kcal; 340 kJ; 4 g Eiweiß; 3 g Fett; 9 g Kohlenhydrate

JOHANNISBEER-ORANGEN-EIS

- 250 g tiefgekühlte oder frische schwarze Johannisbeeren (aufgetaut oder entstielt)
- fein abgeriebene Schale von 1 unbehandelten Orange
- 6 Eßlöffel frisch gepreßter Orangensaft
- 6–8 Minzeblätter
- 4 Eßlöffel brauner Zucker
- 2 Becher Magermilchjoghurt (à 150 g)
- 2 Eier (getrennt)

1 Johannisbeeren, Orangenschale und -saft, Minzeblätter, Zucker, Joghurt und Eigelbe pürieren. Dann durch ein feines Sieb streichen. Mischung in eine Gefrierdose füllen und ca. 1 Stunde in den Gefrierschrank stellen, bis das Püree halbgefroren ist.

2 Aus dem Gefrierschrank nehmen und gut verschlagen. Eiweiße steif schlagen und unter die Mischung heben. Nochmals ca. 1 Stunde tiefgefrieren, bis die Mischung wieder halbgefroren ist. Herausnehmen, nochmals aufschlagen und wieder für ca. 1 Stunde in den Gefrierschrank stellen, bis die Masse fest ist.

3 Das Fruchteis 20–30 Minuten vor dem Servieren in den Kühlschrank stellen.

4 Kugeln abnehmen und in gekühlten Gläsern servieren.

6 PORTIONEN

Vorbereitungszeit: ca. 15 Minuten, plus ca. 3 Stunden Gefrierzeit

135 kcal; 585 kJ; 8 g Eiweiß; 3 g Fett; 22 g Kohlenhydrate

JOGHURTEIS MIT ERDBEEREN

- 500 g Erdbeeren
- 3 Eigelb
- 1 Eßlöffel rotes Johannisbeergelee
- 1 Eßlöffel roter Wermut
- 2 Becher Vollmilchjoghurt (à 150 g)

1 Erdbeeren waschen. 4 schöne Beeren zum Garnieren beseite legen, die übrigen putzen. Eigelbe, Fruchtgelee, Wermut, Joghurt und die Hälfte der geputzten Erdbeeren pürieren.

2 Mischung in eine flache Gefrierdose füllen und ca. 1 Stunde in den Gefrierschrank stellen, bis sie an den Rändern gefriert.

3 Die angefrorene Erdbeer-Joghurt-Mischung in eine Schüssel stürzen und kräftig aufschlagen. Die restlichen geputzten Erdbeeren hacken und unter das Halbgefrorene mischen. Nochmals in die Gefrierdose füllen und mindestens 1 Stunde gefrieren lassen.

4 Eis in 4 hohe Dessertschälchen füllen, jeweils mit 1 Erdbeere dekorieren und sofort servieren.

4 PORTIONEN

Vorbereitungszeit: ca. 25 Minuten, plus mindestens 2 Stunden Gefrierzeit

126 kcal; 525 kJ; 7 g Eiweiß; 5 g Fett; 14 g Kohlenhydrate